심령과학 시리즈 16

전생요법(前生療法)

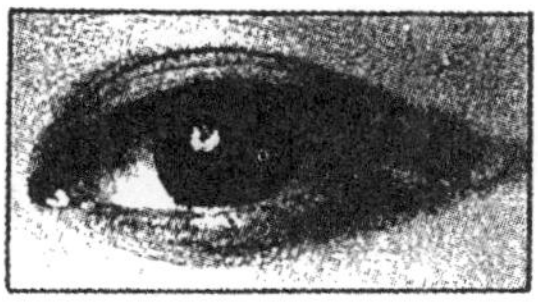

안 동 민 / 저

瑞音出版社

머 리 말

1991년도에 서음출판사에서 《인과응보》를 출판한 뒤 3년이라는 세월이 흘렀다. 그동안 나는 같은 출판사에서 13권의 책을 간행했다. 이제는 더 이상 심령과학 관계 서적은 쓰게 되지 않을 것 같은 생각을 했었다. 그러나 그동안 서음출판사에서 여러 책들을 출판한 덕분에 나는 많은 새로운 사람들과 접하게 되었다. 사실은 소설보다 이상하다는 말을 나는 여러 번에 걸쳐서 실감했다.

나는 본시 소설가였으나, 지금은 심령상담이 전문이 되다시피 되었고, 체질개선 연구가로 보다 더 알려져 있다. 많은 사람들의 어려운 문제들이 나의 조언(助言)에 의해 해결의 실마리를 푼 것도 사실이지만 모두가 그런 것만은 아니었다.

개중에는 나로서 어떻게 도와주어야 할지 엄두도 낼 수 없는 일들도 많았고, 또 실패한 경우도 많았다.

나는 사람들을 대하면 대할수록 내가 여러가지 면에서 아직도 수양이 부족하다는 것을 뼈저리게 느껴야만 했다.

어느 의미에서는 나를 찾아오는 손님들이 나에게는 모두가 귀중한 스승인 셈이었다. 사람마다 한 두가지 내가 그때까지 모르고 있던 사실들을 가르쳐 주기도 했고, 새로운 진리 또는 교훈을 가르쳐 주곤 했기 때문이다.

어제의 실력으로서는 오늘 찾아오는 손님들이 안겨주는 문제를 해결하기가 어려웠다. 내가 그 자리에서 변신을 하여 한단계 올라가야만 그들의 고민을 해결해 줄 수가 있었다. 다음 날이 되면 또 사정이 같았다. 오늘의 실력 갖고서는 내일의 문제를 해결할 수 없었다.

이 난관을 뚫고 가는 길은 그때까지의 내가 알고 있던 것을 모두 버리고 마음을 완전히 비워야만 했다. 그러면 새로운 지혜가 샘솟듯이 솟아나곤 했다.

나는 차차 내가 어떤 목적지를 향해 변신을 거듭하고 있다는 생각이 들기 시작했다. 단순한 초능력자에서 인간 반, 신(神) 반인 그런 인간이 되어가고 있다는 생각도 들었다. 비록 짧은 시간이지만 무극신(無極神)과 파장을 맞추면 불가능한 일이 없어진다는 것도 알았다. 그러나 그 순간이 지나면 나는 다시 평범한 인간으로 돌아가고 머리로 생각하고 판단하는 사람으로 변신하곤 했다.

심령과학적으로나 의학적으로 많은 새로운 진리를 발견했고, 그 지식을 이용하여 상식으로 생각하면 기적과 같은 일들을 수 없이 행하곤 했다.

그러나 어느 날, 나는 갑자기 이런 생각이 들었다. 이런 속도로 변신을 거듭한다면 머지않은 장래에 내가 혹시 진짜 신선(神仙)이 되는게 아닌가 하는 생각이었다. 많은 사람들을 접해도 전혀 피곤을 느끼지 않게 되었다.

남들이 시간과 더불어 젊어져 가고 있다고 했고, 또 내 손이 가면 사람들의 얼굴이 맑아지고 젊어지곤 했다.

인간의 두뇌는 살아있는 컴퓨터와 같고 자동장치인데, 여기에 고장이 생기면 여러가지 난치병이 생긴다는 사실도 알았고, 외부에서 수동(手動)으로 뇌의 기능, 특히 생리적인 수명조절 시계를 조절할 수도 있다는 사실을 알았다.

이것은 너무나도 큰 발견이었다.

그야말로 경천동지(敬天動地)할 수 있는 의학적인 대발견이라고 할 수 있다. 내가 아무리 이론적으로 설명을 해도 실제로 체험하지 않고는 믿기가 어려우리라고 생각한다.

오늘 아침(1994년 4월 1일) 나는 새벽에 눈을 뜨자《전생요법》이라는 제목으로 책을 써야된다는 생각이 떠올랐다.

어떤 내용을 써야 할 것인지 눈 앞에 생생이 떠올라 왔다. 이것은 하늘이 내가 발견한 새로운 사실들을 널리 세상에 알려주라는 계시가 아닌가 생각된다.

사람의 영혼은 불멸의 존재이다.

윤회전생을 통하여 인간의 영혼은 진화발전(進化發展)하고, 언젠가는 육체를 필요로 하지 않는 상념체(想念體)만의 존재가 되는 것, 이것이 인간이 나고 죽는 목적이라고 생각된다.

물론, 모든 사람들이 똑바로 순조롭게 진화의 길을 가는 것은 아니라고 생각한다. 오히려 그보다는 일시적으로 퇴화하는 경우가 더 많다고 생각한다. 그러나 우주를 지배하는 세가지 법칙인 인과응보·공존공생·불간섭의 원칙과 그밖의 여러가지 사실들을 널리 알려주면 많은 사람들은 퇴화의 길에서 벗어나 똑바로 영혼이 신으로 변신하기 위한 지름길을 택할 수 있다고 생각한다.

그래서 나는 그동안 20여년에 걸쳐서 체험한 사실들과 특히 최근 3년 동안에 발견한 많은 새로운 진리를 세상에 알릴 의무가 있음을 뼈저리게 느꼈다.

또 나는 여러가지 새로운 사실들을 발견하는 과정에서 내가 겪은 실패담도 되도록 솔직하게 적어 볼 생각이다.

나를 과대평가했던 분들은 크게 실망할지도 모르나 그래도 좋다고 생각한다.

비록 빠른 속도로 변하고는 있지만, 나는 아직도 많이 미숙한 인간이고 또 그 미숙한 것을 부끄럽게 생각하지도 않는 것이다.

나는 속세에서 수도하고 있는 하나의 인간일 뿐이며, 하늘이 허락한다면 살아서 신선(神仙)이 되던가 못되도 그 가까운 경지에 까지는 이르고 싶다는 소망을 갖고 있다.

그런 뜻에서 이제부터 쓰려는 이 책은 나의 숨김없는 마음의 고백을 담은 글들로 채워질 것이고, 독자 여러분들이 이 책을 읽고, 마음의 양식을 얻어서 나와 더불어 인생의 고해(苦海)에서 벗어나 신선이 되는 길을 스스로 찾아내는데 어느 정도 도움이 된다면 그 이상의 다행은 없으리라 생각한다. 이로써 나의 심령관계 연구서는 모두 16권으로 완간(完刊)을 보게 되리라고 생각한다.

영혼의 본질이 무엇이며, 전생을 앎으로써 그 사람이 현재의 불행에서 벗어나는데 큰 도움이 된다고 생각되기에 책 이름은 전생요법(前生療法)이라고 정하였음을 밝혀둔다.

내가 쓴 앞서 책들을 읽고 이해가 안되었던 분, 극단적으로 말해서 나를 혹세무민하는 사기꾼으로 알았던 분들도 이번 책을 읽으면 그 오해가 어느 정도 풀리리라고 생각한다.

우리 연구원에 전화를 걸고 차마 입에 담지 못할 욕들을 한 분들에게 감히 이 책을 읽어주시도록 권하는 바이다.

이 책을 읽고도 나의 뜻을 이해하지 못하고, 계속해서 나를 매도한다면 그것은 그가 진리에 대해서 바로 볼 능력이 없는 장님임이 확실하다고 나는 믿는다. 그 영혼이 진화하려면 아직도 오랜 세월에 걸쳐서 윤회전생을 할 필요가 있는 분이라는 이야기이다.

하지만 그런 분들도 언젠가는 자기의 영혼의 본질이 무엇인가를 분명히 깨닫고, 신으로 진화되는 길로 들어설 것을 믿어 마지 않는다.

1994년 8월 20일

저 자

전생요법(前生療法) • 차례

제2장 초능력의 세계

제3장 과거, 그리고 미래로의 여행

제4장 우연은 없다

제5장 그대 비록 삼생의 인연이 있을지라도

서 장
영혼의 본질

1. 영혼의 본질은 무엇인가?

구약성경을 보면 이런 구절이 나온다.

〈여호와 하나님께서 흙으로 사람의 모습을 빚으시고 그에게 숨결을 불어 넣으시니 그가 산 인간으로 변하여 최초의 인간인 아담이 되었다.〉

이것은 다른 말로 바꾸면 여호와 하나님의 영혼의 일부가 흙으로 빚은 아담의 몸에 들어갔다는 이야기이다.

다시 말하면 아담의 영혼은 곧 하나님의 영혼에서 갈라져 나온 것이라는 이야기가 된다. 그렇기 때문에 아담의 후손인 모든 인간들의 마음은 아담의 마음이 세포 분열한 것이라는 이야기가 성립이 되는 것이다.

하나님은 흔히 사랑과 지혜와 힘의 화신(化身)이라고 한다. 그런데 모든 인간들은 비록 제한된 범위이기는 하지만 사랑과 힘과 지혜의 화신이라고 생각된다.

그러면 여기서 인간이 어떻게 태어나게 되는가 하는 과정을 살펴봄으로써 인간의 영혼은 창조주에게서 온 것임을 분명히 밝혀보고자 한다.

인간이 처음에 태어났을 때는 죄라는 것을 모르는 신(神)과 같은 존재였으나 이 세상을 살아가면서 많은 잘못을 저지르게 되었고, 이것이 원인이 되어서 다음 생애에서는 그 결과를 책임지게 된 것이다.

최초의 어린 인간들은 우주가 어떤 조직체인지, 우주에는 어떤 법칙이 있는지 아무도 가르쳐 준 존재가 없었기에 자연히 자기의 욕망대로 살게 됨으로써 많은 잘못을 범하게 된 것은 어쩔 수 없는 숙명(宿命)이었다고 생각된다.

그러면 여기서 잠시 화제를 바꾸어서 인간이 태어나게 되는 과정에 대해 최근에 내가 발견하게 된 사실들을 이야기할까 한다.

몇십년 전만 해도 지금과 같은 컴퓨터는 존재하지 않았다. 컴퓨터의 개발과 그 보급으로 모든 것이 전산화(電算化) 되자, 우리는 그 전에는 상상도 하지 못했던 많은 정보를 취급하게 되었다.

그런데 내가 최근 알게 된 사실은 이 컴퓨터가 사실은 영계에 있는 컴퓨터를 모방한 것임이 분명하다는 것이다.

인간의 영혼은 모두 저마다 고유의 주파수와 고유번호를 갖고 있으며, 저승에는 메인 컴퓨터가 있고 사람들은 저마다 이와 연결된 단말기 같은 존재인 것이다.

인간의 영혼은 분령(分靈)이 될 때, 새로운 영파의 주파수를 부여받게 되는 것이다. 또 복합령이 되어서 태어나게 될 때도 새로운 번호를 받는 것으로 생각된다.

옛이야기에 사람이 죽어서 저승에 가면 생전에 자기가 한 일들이 모두 기록되어 있어서 그 기록에 의해 심판을 받는다고 했는데, 이것은 저승에 컴퓨터가 존재하지 않고서는 불가능한 일이라고 생각한다.

그러니까 지금 우리가 사용하고 있는 컴퓨터는 저승에 있는 컴퓨터를 모방해서 만든 것같이 생각된다. 컴퓨터를 발명한 사람도 영감에 의하여 영계에 존재하는 컴퓨터의 존재를 알고, 그 구조의 비밀을 알아낸 것이라고 짐작된다.

사람은 태어나기 전에, 저승에 있는 자기 개인용 컴퓨터에 있는 전생의 기록들을 유체(幽體)속에 재기록시킨 다음, 장차 태어날 자기 몸의 구조에 대한 정보를 갖고서 모체에 들어와 그 설계도에 따라 자기 몸을 성장 발육시키는 것이라고 생각한다.

바깥 세계에서는 10개월이 지나는 동안, 임신한 자궁 안에서는 10억년의 세월이 빠른 속도로 지나간다. 이 지구 위에 미생물이 탄생하여 오늘날의 고등생명체로 진화·발전하기까지는 약 10억년이 소요되었기 때문이다. 시간이라는 것은 어디까지나 상대적인 것이라고 생각된다.

우리는 한 시간 반짜리 비디오 작품이라도 고속도로 돌리면 15분에 볼수도 있다. 임신한 자궁은 특수한 진동을 하고 있는데, 지구 자력(磁力)의 영향을 감소시킴으로 일종의 무중력에 가까운 상태인 것이다. 그런 상태에서 시간은 굉장히 빠른 속도로 흐르게 된다.

개체 발생에 필요한 외부시간 10개월 동안에 자궁안에서는 10억년의 세월이 흘러서 종족 발전에 필요했던 시간을 고속도로 체험하는 것이라고 생각된다.

영혼은 장차 자기가 입주하게 될 육체를 어떻게 만들 것인가 하는 설계도에 의해 자기의 몸을 완성한 뒤, 그 몸에 정식으로 입주하는 순간, 신이었던 능력을 잊어버리게 된다.

바로 태어났을 때는 전생에 대한 기억이 있지만, 미숙한 신체발달때문에 발성(發聲)이 불가능하고 젖을 뗄 무렵이 되면 여지껏 기억하고 있던 전생의 기억은 잠재의식과 심층의식에 매몰되고 마는 것이다.

나의 막내 딸은 아버지가 재생(再生)한 경우였는데 생후 6

개월 까지는 생전의 돌아가시기 전 아버지의 모습이었고, 나하고는 테레파시를 통해 자주 대화를 할 수 있었으나 우유를 떼고 죽을 먹으면서 부터 얼굴 모습이 바뀌며 테레파시 통신이 불가능해졌다.

나는 생생한 체험을 통하여 인간이 신생아(新生兒)였을 때는 그 앞의 전생을 기억하나 생후 6개월이 지나면서 그 기억이 사라진다는 사실을 확인한 바 있다.

인간의 몸은, 겉은 육체지만 그 바로 안에 유체(幽體)라는 일종의 에너지체가 있으며, 그 안에 상념체(想念體)가 있고 맨 가운데에 신체(神體)가 잠들어 있다.

이른바 운동선수 같이 육체가 많이 발달된 사람이면서 완전한 무신론자(無神論者)에 가까운 사람들인 경우, 유체나 상념체, 신체는 미숙한 사람들이다. 그리고 이른바 영능력자(靈能力者)라고 하는 사람들은 유체(幽體)가 발달된 사람들이고, 작가라든가 예술을 하는 전문가들은 대체로 유체와 상념체가 발달된 사람들이라고 볼 수가 있다.

부처나 예수님같은 분들은 신체(神體)가 완전히 발달되어서 우주의식과 하나가 된 분들인 것이다.

우주의식과 완전히 하나가 되면 인간은 그대로 살아있는 신과 같은 능력을 갖게 된다고 할 수 있다.

나의 경우, 나를 찾아온 손님들의 전생(前生)을 영사할 때는 나의 유체의 파장을 상대방의 유체의 파장에 맞추면 된다.

상대편의 유체에 기록되어 있는 정보를 읽음으로써 상대편의 전생이 무엇인가를 알아낼 수가 있지만, 상대편이 뛰어난 영능력자여서 차단막을 내렸을 때는 유체동조가 되지 않는다.

이런 경우에는 영사가 불가능해진다. 또한 상대편의 보호령이 방해할 때도 알수가 없다. 심령치료를 할 때는 내가 옴진동을 일으키게 되는데, 이것은 우주 에너지를 내 몸으로 끌어들여 상대편의 유체에 주입시켜 줌으로써 유체의 기(氣) 흐름을 원활하게 해주는 기법(技法)이다.

이때, 유체의 기(氣) 흐름이 정상화 되면 순간적으로 육체적 결점도 개선될 수 있다.

인간의 뇌는 살아있는 생물학적인 컴퓨터와 같으며, 자동장치이지만 외부에서 수동적으로 그 기능을 조절할 수도 있다는 것을 나는 1992년 가을에 발견한 바 있다.

뇌의 중심부인 시상하부(視床下部)에 자리잡고 있는 송과체(松果體)에는 그 사람의 수명을 관장하는 생명시계가 내장되어 있다. 이 생명시계는 인간의 능력으로 조절할 수 없지만, 무극신(無極神 : 우주의 근원적인 존재)의 파장에 맞추면 조절이 가능한 것이다.

사람에 따라서 10년 전 과거로 보낼 수가 있는데, 그렇게 되면 그는 10년 전의 생리상태로 환원될 수 있게 된다.

여기에 대하여 나는 금년 2월에 일본에서 발행된 〈일본신학(日本神學)〉 잡지에 다음과 같은 글을 발표한 바 있다.

〈뇌는 미니 컴퓨터－시간 속을 간다！〉

나는 지난 20여년에 걸쳐 심령과학자로서 일하면서 많은 새로운 사실들을 발견했지만, 최근에 아주 놀라운 사실을 발견했다.

오늘은 그 이야기를 해볼까 한다.

인간의 뇌는 생물학적인 뜻에서 초미니 컴퓨터라는 이야

기를 최근에 자주 듣게 되었다.

그런데, 이 사람의 뇌를 외부에서 조절할 수 있는 완전히 새로운 방법을 나는 최근에 발견한 바 있다. 두 손으로 상대방의 얼굴을 폭 싼 다음, 두개의 엄지 손가락을 좌우의 눈에 갖다대고 여덟개의 다른 손가락들은 얼굴의 다른 경혈을 꼭 누른채 옴 진동을 일으키면, 상대편의 뇌에 우주력(宇宙力)을 주입시켜 뇌 속에 내장되어 있는 일종의 생리시계(生理時計)를 과거나 미래로도 돌릴 수 있다는 환상적인 기술을 발견한 것이었다.

인간의 뇌에는 누구나 일종의 시계장치가 되어 있고, 사람에 따라서 이 시계가 빨리 가면 나이 보다는 빨리 노화(老化)되고, 늦게 가면 나이 보다는 젊다는 사실을 나는 발견한 것이다.

얼마 전 일이었다.

폐암의 말기에 놓여 있는 중증(重症)의 환자가 나를 찾아온 일이 있었다. 나이는 53세, 본인의 이야기로 병원에서는 앞으로 한달 살면 잘 사는 것이라는 선고를 받았다고 했다.

그런데 내가 볼 때, 이 사람의 관상으로는 능히 80세를 살 수 있는 얼굴이었다. 손금을 보니까 50대 초에 생명선이 잠깐 끊어지는듯 하다가 다시 이어져 있었다.

인간의 수명은 하늘이 관리하는 것이라고 나는 믿고 있거니와 이 환자의 경우, 하늘은 80세를 살아도 좋다고 보장했지만 어떤 이유 때문인지 곧, 죽지 않으면 안되는 입장에 놓여 있는 것이다. 그렇다면, 이 환자의 운명에 간섭해서 80세까지 살수 있도록 돕는다고 해도 우주의 3대법칙(三大法則)의 하나인 '불간섭의 법칙'을 범하는 것이 되지 않겠는가 하는 생각이 떠올랐던 것이다.

그래서 옴 진동수 세잔을 마시게 하고, 옴 진동수로 열 한 번 세수를 하게 한 다음, 이 사람의 업장을 소멸시켜, 다시 태어난 것과 같은 상태를 만들어 주었다.

간단히 말해서 사주(四柱)를 새로 바꾸어 준 것과 같은 이치다. 원래의 사주가 지금 폐암으로 죽게 되어 있다고 해도 그 운명을 수정해 준 것이라고 할 수 있다.

그런후 환자의 얼굴을 두 손으로 감싸 쥐고 환자의 뇌시계를 과거로 돌아가게 했다. 보통 인간의 능력으로서는 이것은 불가능한 일이기 때문에 작업하는 동안, 나는 무극신(無極神)의 파장과 나의 영파 파장을 일치시켰다.

무서운 우주력(宇宙力)이 내 백회(百會)로 들어와서 열손가락을 통하여 환자의 뇌시계를 거꾸로 돌아가게 했다.

작업이 끝난 뒤 보니까, 환자의 얼굴은 병색(病色)이 완전히 사라지고 40대 초반의 건강한 얼굴로 변해 있었다.

"당신의 뇌 속에 내장되어 있는 시계를 과거로 돌렸더니 10년 전으로 돌아간게 분명합니다. 그러나 10년 뒤에는 또다시 조금 전의 상태로 돌아가게 됩니다. 옴 진동수 가족이 되어 열심히 옴 진동수를 마시면 시간이 지연되어 80살까지 살 수 있습니다. 그러나 그때도 돌아가실 때는 폐암으로 돌아가시기가 쉽습니다. 이것만큼은 어쩔 수 없는 운명이라고 생각됩니다. 어차피 사람은 언젠가는 죽게 마련인데 30년 수명이 연장이 되었다고 생각하십시오."

하고 나는 이야기했다.

그리고 완전히 건강을 되찾거든 꼭 보고를 해달라고 신신당부했다. 그래야만 내가 발견한 이 엄청난 기술이 하나의 착각이 아니라는 것을 확인하여 자신감을 가지고 실험을 계속할 수 있기 때문이라고 말했다.

환자는 내 이야기를 모두 수긍하고 완쾌되는 날, 어김없이 보고하겠다고 이야기하고 돌아갔다.

그 다음 날이었다고 생각된다.

이번에는 운이 콱 막힌 사람이 나를 찾아왔다. 수표는 부도가 났고, 부인은 가출했으며, 본인은 중병을 앓고 있었다.

평소에는 철저한 무신론자였던 그도 다급해지니까 도리가 없이 어느 관상쟁이를 찾아갔다고 한다. 관상쟁이는 말하기를 지금은 악운에서 헤어나지 못하고 있지만, 참고 기다리면 3년 뒤 부터는 좋은 운이 찾아 온다고 했다.

지금의 상태로서는 도저히 앞으로 3년 동안 기다릴 수 없다고 생각한 그는 주위 사람들에게 수소문해서 다른 유명한 관상쟁이를 다시 찾아 갔다.

그도 첫번째 관상쟁이와 똑같은 이야기를 했다. 그래서 이번에는 아주 장안에서 유명하다는 관상쟁이를 찾아갔다. 그는 한참동안 이리 저리 살펴보더니 앞서 사람들과 똑같은 이야기를 했다. 그리고는 이윽고 삼청동에 사는 안동민이라는 심령과학자를 아느냐고 묻더라는 것이었다.

그는 무신론자였기에 내 이름을 알 턱이 없었다 그래서 모른다고 대답했더니, 그 관상쟁이가 말하기를 “사실은 나도 10년 전에 댁과 똑같은 처지였을 때, 안선생을 만나서 지도를 받고, 지금의 이 길로 들어서서 위기를 면한 일이 있습니다.” 하면서 우리 집 주소를 가르쳐 주어서 찾아 왔노라고 했다.

내가 보기에도 그는 사방이 콱 막혀 있었다. 그의 공장을 탐 낸 사람이 모함하여 그가 돈을 빌려쓰던 사채업자 두명이 기한보다 한달 앞서 수표를 돌렸고, 그래서 어쩔 수 없이 부도를 냈다는 그의 사정이 딱하기만 했다.

“안선생님까지 네분이 똑같은 이야기를 하는데, 저는 지금 상태로서는 도저히 앞으로 3년을 기다릴 길이 없습니다. 어떻게 해서든 저를 도와주십시오.” 하고 그는 울먹이기 까지 했다.

나는 문득 생각했다.

뇌속에 있는 생리시계(수명을 조절하는 시계)를 반대방향으로 돌려서 사람을 앉아 있는 자리에서 과거로 돌려 보낼 수가 있다면, 그 반대인 미래로도 보낼 수 있지 않겠느냐 하는 생각이 번개같이 떠올랐던 것이었다.

나는 결국 이 사람을 3년 앞으로 가게 했다. 순간적으로 얼굴이 환해지고 건강한 사람이 되었다. 이와 동시에, 기한을 앞당겨 수표를 부도나게 한 사채업자들도 3년 뒤 미래로 보내졌다.

사채업자들은 미리 부도를 내도록 한 것을 후회하고 그를 돕겠다고 나서게 됨으로써 이 사람은 위기에서 벗어날 수가 있었다. 정말 신기한 일이 아닐 수 없었다.

여기서 알아 두어야 할 것은, 우주에는 불간섭의 법칙이 있어서 남의 운명에 함부로 간섭하게 되면 인과응보(因果應報)의 법을 어기게 되어 간섭한 사람이 벌을 받게 된다는 사실이다.

내가 이들을 도울 수 있었던 것은 한 사람은 80살 까지 살 수 있다는 표시가 나타나 있었고, 또한 사람도 3년 뒤에 좋은 운이 찾아오게 되어 있었기 때문이다.

이렇게 두 사람의 운명을 수정해 주긴 했지만, 나는 조금 더 많은 실험자료가 필요하다고 생각하였기에, 그 뒤 나를 찾아온 많은 암환자들에게 실험을 거듭해 보았다.

36세 된 말기 뇌암환자는 거의 가망이 없다고 생각했는데 뜻밖에도 좋은 결과를 가져 왔고, 천명이 다 된 사람은 처음부터 내 말을 황당하다고 생각하여 이런 나의 시술을 거부한다는 것도 알았다.

아뭏든 수십명에 불과하지만 앞으로 좀더 많은 사람들을 실험해서 100명 이상 좋은 결과를 가져 온다면 나의 가설(假說)이 확실하다는 것을 입증할 수 있게 되리라고 생각한다.

또 하나, 암으로 죽은 환자의 영혼이 빙의된 경우에 제령(除靈)을 했더니 말기 암환자가 기적적으로 회복된 예도 있다.

2. 사람에게도 '바아 코드'가 있다

우리나라에서 사람들은 일정한 나이가 되면 모두 주민등록증을 받는다. 요즘 큰 가게에 진열되어 있는 거의 모든 상품에는 바아 코드가 찍혀 있다.

얼마 전부터 우리나라에서도 책에도 모두 바아 코드가 찍혀지게 되었다. 은행의 사무도 모두가 컴퓨터로 처리되고 있다. 온 라인이라는 것도 잘 발달되어 있는 게 오늘의 현실이다.

컴퓨터에 모두 입력(入力) 되어 있어서 단추만 누르고 주민등록증 번호만 대면 그 사람에 대한 정확한 정보를 즉시 알 수가 있는 것이다.

모든 것이 얼마 전에 비하면 굉장히 편리해졌다. 이것은 알고 보면, 앞으로 다가올 철저한 관리사회로 옮겨가기 위한 하나의 작은 전주곡에 지나지 않는다고 나는 생각한다.

예전에는 한국을 비롯하여 어느 나라든 자급자족이 되었던 시대가 있었다. 그때는 천하(天下)라고 하면 자기 나라를 뜻하는 말이었다. 그러나 오늘날에는 자급자족할 수 있는 나라는 거의 없다.

그래서 수입과 수출이 한 나라의 살림을 좌우하게 된 것이다. 결국 머지않은 장래에 아세아는 아세아대로, 아프리카는 아프리카대로 자급자족할 수 있는 연방체로 변할 것이 분명하고, 그보다 더 오랜 세월이 지나면 세계가 하나의 자급자족 형태로 정착될 것이라고 생각된다.

지구가 공급할 수 있는 자원과 먹여 살릴 수 있는 최대 인구의 수효를 컴퓨터가 산출하게 되고, 거의 완전에 가까운 관리사회가 출현될 것으로 생각된다.

물건도 필요한 만큼 만들게 되고, 필요없는 상품이 넘쳐 흐르는 현상도 없어지게 된다. 국민학교 졸업반이 되면 정밀한 지능검사와 적성검사가 행해져서 진학할 학교와 전공과목도 정해지고 미래, 아니 전 인생의 계획을 스스로가 알게 된다.

예전에는 엄격한 계급제도의 사회였고, 모두가 가업(家業)을 전승하게 되어 있었다.

이런 봉건제도는 인류역사의 대부분을 차지했었고, 요즘과 같이 자유 분방한 사회로 변한 지는 100년이 될까말까 한게 현실이다. 그런데 앞으로의 미래사회는 지능과 적성에 알맞는 직업이 주어지는 사회로 변할 것으로 생각된다.

지금은 신체장애자들도 어떻게든 살 길을 열어주려고 사회와 국가가 애쓰지만 앞으로는 장래가 전혀 보이지 않는 사람들은 어렸을 때 안락사(安樂死)가 주어질 것으로 생각된다.

또다시 적자생존(適者生存)의 시대가 찾아온다는 이야기이다.

들리는 소문에 의하면, 미국에서는 인간의 두개골에 태어나자마자 바아 코드를 입력시키는 연구가 진행되고 있다고 한다. 이것은 지금의 주민등록증보다 한층 더 정확하고 진보된 관리방법이라고 생각된다.

신분증을 아무 것도 갖고 있지 않아도 또는 기억상실증에 걸린 사람도 특수한 광선을 비추면 이마 한가운데 바아 코드 번호가 나타나게 되는 방법이다. 이것을 실시하려면 많은 반대가 있을 것으로 생각된다. 첫째는, 인권론자(人權論者)들의 맹렬한 반대가 있을 것으로 전망된다. 그러나 앞으로 형성될 강력한 권력을 지닌 연방정부는 결국 이 제도를 정착시키고 말것이다.

그런데 여기서 알아 둘것은 인간은 그런 제도가 생기지 않아도 이미 태어날 때 각자 바아 코드를 갖고 있다는 사실이다.

컴퓨터도 영계에 있는 것을 모방해서 만든 것이고, 바아 코드 역시 마찬가지다.

인간이란 육체(탄소형 생명체)와 영혼(전자파 에너지 생명체)이 겹친 이중구조로 되어 있으며, 육체의 뇌에서 뇌파(腦波)가 발생하듯, 영혼은 영파(靈波)를 잠시도 쉴새없이 발신(發信)하고 있으며, 이 영파도 각자 고유의 바아 코드 넘버로 이루어져 있다는 사실을 알고 있는 이는 아마 드물 것이다.

인간의 눈에 보이는 물질세계(物質世界)와 눈에는 보이지 않는 비물질세계(非物質世界)가 공존하고 있고, 이것이 이 우주의 실상임을 깨닫게 될때, 많은 과학자들은 앞을 다투어 인간의 영파를 송수신할 수 있는 기계를 발명하려고 노력하게 될 것이다.

인간의 영파를 수신하는 기계가 아직껏 발명되지 않은 이유는 대부분의 과학자들이 눈에 보이지 않는 세계가 실존(實存)한다는 사실을 믿고 있지 않았기 때문이라고 생각된다. 그러나 이런 수신 장치가 발명되는 날에는 영혼이 윤회전생한다는 사실이 밝혀지게 될 것이고, 전생은 말할 것도 없고, 각 개인이 생각하고 행동한 일들을 정확하게 알아 낼 수 있게 될 것이다.

그렇게 되면, 범죄자는 더 이상 자기의 죄상을 숨길 수가 없게 되며, 한편 억울한 누명을 쓰고 죄인 아닌 사람이 벌을 받는 일도 없게 될 것이다. 그렇게 되면 이 세상에 프라이버시는 존재하지 않게 되고, 각 개인은 정부의 철저한 관리를 받는 입장에 놓이게 될 것이라고 생각된다.

인간이 개인으로서의 자유를 누릴 수 있는 것은 앞으로 길게 보아서 10년 밖에 되지 않을 것으로 짐작된다.

민주국가, 자본주의 나라라고는 하지만, 앞으로 실명제(實名制)가 철저하게 지켜지고 정착되면 돈의 흐름은 아주 투명해지고, 탈세가 불가능한 사회가 찾아올 것이 분명한데, 이것은 앞으로 찾아올 철저한 관리사회가 이미 다가오고 있다는 좋은 증거라고 할 수 있다.

나는 내 두뇌를 개조하여 살아있는 일종의 만능영파수신기(萬能靈波受信器)로 만든 지가 오래되거니와, 최근에 인간의 영파에는 각자 고유한 바아 코드 번호가 입력(入力)되어 있음을 알아낸 바가 있다.

이 바아 코드에는 우주인의 영혼이 유체이탈(幽體離脫)해서 인간의 태아(胎兒)속에 들어가 지구인으로 태어난 경우, 어느 별, 어느 태양계에서 왔음이 기록되어 있고, 인간으로 몇번 태어났는가, 남자 또는 여자로 태어난 것이 몇번씩인가, 몇나라의 국민으로 태어났는가 하는게 기록되어 있음도 알았다.

이 사실을 처음 알아냈을 때, 내가 받은 충격은 자못 컸었다.

사람이 죽어서 저승에 갔을 때, 생전에 한 일을 두고 심판을 받는다는 것도 쉽게 이해할 수 있다.

사람에게는 영계에 개인용 컴퓨터가 있어서, 태어난 뒤 생각한 것과 행한 일들이 전부 고유의 바아 코드 번호가 매체가 되어 기록된다면 능히 가능한 일이기 때문이다.

우리 태양계의 여러 별에 태어난 무법자(無法者)들을 집단수용시킨 것이 우리 지구인들의 조상이고, 이들을 교육시키기 위해 만든 시스템이 유계(幽界)와 영계(靈界)라는 것, 따라서 진보된 다른 별나라에 유계와 영계는 존재하지 않으며, 지구인의 영적인 수준이 높아지면 유계와 영계도 폐쇄가 될 것이고, 그대신 인간은 몇백년에서 몇천년을 살수 있는 장수족으로 변하게 되리라고 생각된다.

3. 사람의 종류

사람 위에 사람 없고, 사람아래 사람 없다 라는 속담도 있지만, 사람이라고 다 사람은 아니다 라는 속담도 있다.

사람은 우선 남자와 여자로 크게 구분되며, 다음에 인종별로 민족별로, 나라별로 구분된다.

그러나 심령학적인 구분도 있을 수 있다고 생각된다. 앞에서의 구별법은 사람의 피부와 외모와 성별(性別)로 본 구분이지만, 인간의 본질(本質)인 영혼을 중심으로 한 구분법도 있을 수 있는 것이다.

동물의 영혼이 진화되어 인간으로 처음 태어난 경우도 있고, 꽃의 요정(妖精)이나 산신령과 같은 자연영(自然靈)이 인간 세상에 나들이 온 경우도 있는가 하면, 저승사자가 인간 세상에 휴가 온 경우도 있으며, 여러 별나라 우주인의 영혼들이 유체이탈(幽體離脫)해서 태아(胎兒)의 몸 속에 들어와 인간으로 태어난 경우도 있을 수 있는 것이다.

나는 지난 23년 간 심령과학자로서 일하는 동안, 몇만명이 넘는 많은 사람들과 면접하는 가운데, 이 땅위에는 우리가 상상하기 어려울 정도로 수많은 우주인들이 섞여 살고 있다는 사실을 확인한 바 있다.

우주인의 영혼이 인간의 탈을 쓰고 태어난 경우는 대체로 다음과 같은 공통점을 지니고 있는 것 같다.

1. 나이 보다는 훨씬 젊어보인다.
2. 본인들의 이야기로는 몸이 아프다고 하는데 얼굴에는 전혀 병색이 없다.
3. 저혈압인 사람들이 많다.
4. 항상 낯선 곳에 와 있다는 느낌을 갖고 있으며, 어느 누구하고도 진정으로 터 놓고 대화하지 못한다.
5. 사회에 적응하기 힘들다.
6. 영감이 발달되어 있어서 미래에 일어날 일을 미리 알아낸다든가, 사람의 마음을 조절하는 테레파시 능력이 있다든가, 그밖의 치병능력이라든가 하는 영능력 내지는 초능력을 지니고 있다.
7. 비행접시를 타고 우주를 여행하는 꿈을 자주 꾼다.

지금 열거한 일곱가지 조건 가운데 절반 이상이 해당되면 당신은 우리의 지구가 아닌 다른 별에서 온 사람이라고 믿어도 좋을 것이다.

이들 우주인들은 자원봉사대의 일원으로서, 앞으로 닥쳐올 대재난의 시대에 지구인을 돕기 위해 온 사람들과 단순한 관광이 목적인 경우, 지구인을 연구하기 위해 온 경우 등, 이렇게 세 종류로 분류된다.

공통점은, 그들의 진짜 육체가 고향 별의 특수한 장치 속에 잠들어 있고, 마음만 전송(電送)되어 왔기에 지구인으로서의 생애가 끝나면 그곳에서 잠을 깨게 되어 있으므로 길고 긴 꿈을 꾼 것과 같은 느낌을 갖게 되어 있는 것이다. 또한 이들에게는 대체로 자녀가 없는게 특징이기도 하다.

왜냐하면 자녀가 생기게 되면 그대로 지구인으로서 눌러 앉아 고향 별로 돌아가는게 불가능해지기 때문이다.

4. 다른 별나라에도 영계는 존재하는가?

앞에서도 이야기한 바와 같이, 인간이란 탄소형 생명체(炭素型生命體)인 육체속에 일종의 전자파 에너지 생명체가 들어 있는 복합 생명체다. 이 두가지 생명은 공존 관계에 있다고 할 수 있다.

육체에는 태어난 순간이 있고, 죽는 순간이 있지만, 이른바 영혼이라고 불리우는 전자파 에너지 생명체는 일찌기 태어난 일도 없고 죽는 일도 없는 불생불멸(不生不滅)의 존재이다.

영혼도 육체와 같은 생명체이기 때문에 모든 생명체에 공통된 다음과 같은 특징을 갖고 있다.

1. 에너지 대사기능(代謝機能)을 육체를 통해 한다.
2. 영혼은 몇번이고 다시 태어남으로써 보다 성숙한 존재로 성장한다.
3. 영혼은 분열·증식하여 자손을 만든다.

그런데, 우리들 지구인들은 보다 영혼이 발달된 선진문화권인 다른 별에 사는 우주인들에 비해 미숙하기 때문에 몇번이고 거듭 태어날 필요가 있고, 그래서 저승이라는 것이 마련되었다는 설이 있다.

지구보다 엄청나게 정신력이 발달된 우주인들은 지구인들

처럼 죽음을 두려워하지도 않고, 슬퍼하지도 않는다고 한다.

우주인과의 접촉으로 유명해진 죠오지 아담스키의 말에 의하면, 금성인은 죽은 지 잠시 뒤에 다시 새로운 육체 속에 들어가서 다시 태어난다고 했다. 저승이 있는 곳은 어쩌면 지구 뿐일지도 모른다고 이야기했다.

그리고 완전히 조화적으로, 평화적으로 생활하는 다른 우주인들은 우리네 지구인들에 비해 엄청난 장수족속이라고 했다. 수명이 1천년에서 3천년에 이르는 경우도 있다고 했다.

한편, 우리들 인간은 평생 동안에 뇌의 5%에서 15% 부분만 쓰고 나머지는 쓰지 않는다고 한다. 뇌의 용량을 보면 인간은 350년까지 살수 있다고 한다.

자연은 필요없는 것은 만들지 않는데 뇌의 기능으로 미루어보면 인간도 언젠가 모르는 아득한 그 옛날에는 350년의 수명을 누린 적도 있으나, 어느 때인가 지구 규모의 대변동을 겪고나서 오늘날과 같은 단명족(短命族)으로 변했다고 생각한다.

만일 이 능력을 다시 찾을 수 있는 방법만 개발한다면 인간은 또다시 장수족으로 변신할 수도 있을 것이다.

제1장
사람은 누구나 거듭 태어난다

1. 이상한 인연

하늘 아래 새로운 것은 하나도 없다는 말이 있다.

인간의 육체는 흙의 원소(元素)로 되어 있고, 죽으면 다시 흙으로 돌아가 새로운 인간의 육체를 만드는 재료로 쓰인다.

끝없는 진화를 향해 거듭 태어나는 인간들, 따라서 사람들에게는 누구나 모두 전생(前生)이 있기 마련이다.

앞으로는 나의 주변에서 일어난 일들을 중심으로 재생(再生)의 원리를 좀 더 쉽게 풀어볼까 한다.

우리가 살고 있는 이 세계에는 이성(理性)으로서는 도저히 납득되지 않는 부조리한 일들이 너무나 많다. 아무런 잘못도 없이 사랑하는 아내로부터 배반당한 남편이 있다고 하자. 그것도 신혼생활 2개월도 되기 전에 말이다. 이때, '내가 전생(前生)에 무슨 죄를 지었길래 이런 경우를 당해야 하나?' 하는 탄식이 나오는 것은 너무나 당연하다.

〈첫번째 이야기〉

어느 날 부산에서 할머니 한 분이 찾아 오신 일이 있었다. 얼른 보아서 환자 같지는 않았다. 집안에 난치병 환자가 있어서 문의하러 찾아 오신게 아닌가 했다. 인사를 나누기가 무섭게 할머니는 사진 두장을 내 앞에 내어 놓으셨다. 얼른 보니 하나는 중년인 남녀가 밥상 앞에서 찍은 것이었고, 또 하나는 고등학교 학생 같은 교복 차림인 소년의 증명사진이었다.

"저를 찾아오신 사연이 무엇이죠?"

"선생님한테 사진만 보여드리면 무엇이든지 아실 수 있다고 해서 찾아왔습니다. 사진을 보시고 영사(靈査)를 해 주십시오."

하고 할머니는 나의 얼굴을 빤히 쳐다볼 뿐 더 이상 설명을 하려고 하지 않았다.

"알겠습니다."

나는 곧 방심상태(放心狀態)로 들어가 사진에서 희미하게 발사되고 있는 사진의 주인공들의 영파(靈波)에 동조(同調)를 했다.

"이 사진에 찍힌 남자는 할머님의 큰 아드님이시고 옆의 분은 며느님이 아니신가요?"

"맞습니다."

"며느님 성격이 대단하군요. 남편이 한마디 하면 두마디 하고 두마디 하면 세마디 하는 성질이군요."

"그것도 맞습니다."

"혹시 아드님이 최근 3년 안에 바람이 나서 현재 며느님하고는 별거중이 아닌가요. 또 소실에서는 최근 아들이 태어났고요."

"정말 사진만 보시고 잘도 아십니다. 소문대로군요."

하고 할머니는 감탄한다.

"이 고등학생은 할머님의 막내 아들 같은데요."

"맞습니다."

"그런데 이상하군요. 이 사진을 보면 죽은 사람 같기도 하고 산 사람 같기도 해서 갈피를 잡을 수 없군요."

"그 애는 3년 전에 연탄가스 중독(中毒)으로 죽었습니다. 아주 영리한 애였는데……죽은 영혼이 그뒤 어떻게 되었는지 궁금해서 가져 왔습니다."

하는 할머니의 두 눈에는 이슬같은 눈물이 맺히는듯 했다.

"이 아드님은 벌써 인간으로 다시 태어났습니다. 부산 남포동에서 술집을 경영하던 여자의 아들로 최근에 태어난게 아닌가 합니다. 그래서 처음 사진을 보았을 때 갈피를 잡을 수 없었던 것이로군요. 사진의 얼굴은 분명히 죽은 사람인데 그 영혼은 다시 인간으로 태어났기에 앞 뒤가 모순된 느낌이 든 것입니다."

나의 이 이야기를 듣는 순간, 할머니는 소스라치게 놀라는 기색이었다.

"우리 큰 아들이 얻은 소실(小室)이 남포동에서 술집을 하던 여자인데 그 여자가 최근에 아들을 낳았습니다. 그렇다면 막내가 그 아들로 태어난게 아닐까요. 또 그러고 보니 그 애가 막내 삼촌을 많이 닮은 것 같기도 합니다."

"아마 그럴 가능성이 많습니다."

"막내가 죽기 전에는 그런대로 큰 아들 내외는 금슬이 좋았던 편이죠. 그런데 이상하게 막내가 죽자, 싸움이 잦게 되고 갑자기 바람을 피우게 된거예요"

하고 할머니는 자못 심각한 표정이다.

내가 살펴보니, 이 할머니 눈에는 큰 며느님이 마땅치 않았고 아주 이번 기회에 이혼시키고 남포동 여자를 정식 며느리로 맞아들일 생각이 있어서 나에게 의논하러 온 것이 분명한듯 했다.

"그러니까 죽은 막내 아들을 다시 이 세상에 태어나게 하기 위하여 남포동 여자는 몸을 빌려준게 분명하군요."

"그렇군요. 그 여자를 미워해서는 안되겠군요."

하고 할머니는 눈물을 닦는 것이었다.

순간, 나는 이 집안의 골치 아픈 문제는 해결할 수 있다는 생각이 들었다.

"큰 아드님 소실에서 얻은 손자는 입적이 되었는가요."

"웬걸요. 큰 며느리가 절대 반대하기 때문에 안되고 있지, 자기가 정식으로 이혼을 해서 나간 뒤에나 입적을 시키라는 것이구요. 너무 어마어마한 액수의 위자료를 청구하기 때문에 이혼도 못하고 있지요. 만일 요구대로 한다면 우리 집안은 알거지가 될 판이거든요."

하고 할머니는 한숨을 몰아 쉰다.

"해결책이 하나 있기는 합니다. 그 아이를 입적시키는 조건으로 집으로 데려와서 할머니가 키우세요. 그렇게 되면 남포동 여자는 다시 술집을 차리게 되고 머지 않아서 인연이 있는 홀아비를 만나게 되어서 댁의 아드님하고는 자연 헤어지게 될 것입니다. 그리고 며느님은 옴 진동수를 백일동안 마시게 한 뒤, 여기 와서 체질개선 시술을 받게 하세요. 그러면 성격에 큰 변화가 생길 것입니다. 아드님도 마음을 잡고 집으로 돌아오게 될 것이고, 어떻습니까? 남포동 여자도 자기의 참다운 인연을 찾아가게 되고, 며느님도 여자다운 성격으로 변모되며, 한편 죽은 막내는 손자가 되어서 돌아오고, 멋진 해결이 아닙니까?"

죽은 지 3년만에 사람으로 다시 태어남으로써 집안에 풍파가 일어나게 되고, 다시 가라앉을 수 있게 된 예에서, 우리

인간은 분명히 재생(再生)하는 존재임을 알 수 있다고 생각한다. 다음은 내가 직접 경험한 두 가지 이야기를 소개해 볼까 한다.

〈두번째 이야기〉

나의 선친은 노년(老年)에 들어서 당뇨병을 10년 동안 앓으셨고, 그 합병증으로 발생한 간암으로 돌아가셨다.

그때만 해도 한낱 소설가에 지나지 않았던 나는 현대의학으로는 방법이 없는 이 불치병을 고치기 위하여 장충동에 있는 '단식요원'에 입원을 시킨 다음, 온갖 노력을 다했으나 결국 70세를 일기로 아버지는 돌아가시고 말았다.

돌아가시기 몇해 전, 선친에게서 들은 바에 의하면 선친의 결혼식 주례를 서 주신 춘원(春園)선생께서 말씀하시기를,

"자네는 결혼하거든 아들 3형제만 낳고 단산을 하게. 아주 이름도 미리 지어주겠네. 큰 아들은 棟이란 외자 이름을 짓던가 아니면 東民이라고 하게. 棟자를 지어주면 정치가가 될게고, 東民 자를 지어주면 초년에는 예술 방면에 종사하다가 40 전후해서 큰 풍파를 겪은 뒤, 나라와 겨레를 위하여 좋은 일을 하는 사람이 되어서 이름을 빛내게 될걸세. 둘째는 東邦, 세째는 東國, 이들은 외국에 가서 나라의 이름을 빛나게 할걸세. 자네가 내 말대로 따르기만 하면 80까지 살 것이고 말년(末年)이 퍽 행복할 걸세. 그러나 만일 욕심을 내어서 자녀를 더 두게 되면 삼불출(三不出)이 나와서 그로 말미암아 말년이 불행하고 70세에 죽기가 쉽네."
라고 경고받은 일이 있었다고 한다.

나의 두 동생 동방(東邦)과 동국(東國)은 현재 미국에 살

고 있고, 동국은 국내에 있을 때도 화가(畫家)로서 조금은 알려졌고 미국에 가서는 오랫동안 그곳 대학에서 교편을 잡다가 요즘은 태극권법(太極拳法)의 명수가 되어서 뉴욕에서 도장을 열고 많은 제자를 키우고 있다.

춘원선생님 말씀대로 위로 아들 세 형제를 낳았으나 선친은 충고를 듣지 않고 계속해서 세명의 자녀를 두셨다. 막내 아들은 어려서 높은 데서 떨어져 뇌에 손상을 입었고, 스무살에 뇌수술을 받았으나 결국 온전한 사람은 되지 못했다. 선친이 살아계실 때 결혼시켰는데, 첫번째 계수씨는 뒤에 이혼했고, 내가 두 번째로 결혼시켰으나 몇년 산 뒤에 결국 이혼했으므로 이 동생과 조카들은 내가 부양책임을 지고 있는 형편이다. 이 동생에 대해서는 내가 살아있는 한, 평생 부양책임을 면할 길이 없다고 생각한다. 큰 딸은 성격이 대단해서 남편과 화합을 하지 못해 끝내 이혼 소송을 일으켰고, 둘째 딸은 심한 노이로제로 정신병원에 입원한바 있는데,(특히, 선친은 이 막내딸 때문에 몹시 고통을 받은게 분명했다.) 겨우 고등학교를 졸업한 뒤 미국으로 이민하여 현재는 라스베가스에서 독신으로 지내고 있다.

아래로 태어난 이 세 자녀가 이른바 삼불출(三不出)에 해당됨은 더 이상 설명이 필요없을 줄 안다.

중병으로 병원에서 눈물어린 투병 생활을 하는 아버지 앞에서 남편과 이혼하겠다고 큰 소동을 일으킨 큰 딸이 선친에게 얼마나 큰 타격을 주었는지 짐작하고도 남는 일이 아니겠는가.

결국 온갖 노력에도 불구하고 보람없이 아버지는 돌아가셨다. 그런데 아버지가 돌아가시던 날부터 나는 매일과 같이 똑같은 꿈을 꾸곤 했다.

"나는 네가 어떻게 해서든 나를 살려줄줄 알았는데 이렇게 어두운 곳에 버려두니 원망스럽구나. 제발 부탁이니 나를 다시 살아나게 해다오."
하고 꿈 속에 나타난 아버지는 매번 같은 애원을 하시는 것이었다.

똑같은 꿈을 한달 이상 계속하니 나는 여간 마음이 괴롭지 않았다. 이대로 가다가는 내 자신이 심한 노이로제로 쓰러질 것만 같았다.

혼자서 고민하던 끝에 나는 아내와 의논했다.

우리 부부는 연년생으로 남매를 낳은 뒤, 10년 동안 철저하게 산아 조절을 해온 터였다.

"여보, 아무래도 돌아가신 아버지를 우리 자식으로 다시 태어나게 해야 될까 보오. 아버지의 은혜를 입었으니 자식으로 태어나면 사랑으로써 정성껏 기르면 은혜 보답도 될 터이고…"

아내는 너무나 충격적인 말에 어안이 벙벙해서 한동안 말이 없었다.

"아버지는 80세까지 사실 수 있는 분이셨는데, 자녀에 대해서 너무 욕심을 내셨기 때문에 70세에 돌아가신 것이라고 생각하오. 내가 알기로는 아버지가 다시 태어나실 경우, 아마 여자가 되기 쉬울 거요. 아버지는 철저한 남존여비(男尊女卑) 사상의 소유자이셨고, 평생 어머니의 인격을 존중해 주시지 않았기 때문이오. 또 어쩌면 태어난 아기는 열살에 큰 고비를 맞기가 쉽소. 왜냐하면 아버지의 천수가 80이기 때문이오. 이 고비를 무사히 넘기느냐 못넘기냐는 우리가 아버지가 다시 태어났다는 생각을 버리고 딸로서 지극히 사랑만 해서 키운다면 열살 이후에는 딸로서의 자기 생애를 살아가게 될 것이오. 또 아버지가 "다시 태어날 경우에, 이 아이는 아버지의 첫 제삿날에 태어나게 될 것이 아닌가 하오."

여러 날을 두고 망서린 끝에 아내는 나의 권고에 결국 동의를 하고야 말았다. 이날부터 우리는 산아 조절을 하지 않았다.

얼마가 지난 뒤였다.

아내가 이상한 태몽을 꾸었노라고 했다.

꿈에 나와 시아버지가 함께 시아버지의 묘소를 찾아갔더니 무덤 속 관이 텅 비어 있는게 보였다는 것이었다. 그리고 시아버지를 모시고 집으로 돌아오는 순간, 꿈에서 깨어났다는 것이었다.

결국 아내는 임신을 했고, 내가 미리 짐작했던 그대로 선친의 첫 제사날 귀여운 딸을 낳았다. 새벽 4시반에 출산했는데 이날 새벽에는 천둥 벼락이 굉장했다.

1971년 7월 17일 아침이었다. 병원에 달려간 내가 아내를 보고,

"순산을 했구려. 정말 수고가 많았소."

하고 말한 순간이었다.

태어난 지 4시간 밖에 안되는 아기가 고개를 번쩍 들면서 시끄럽게 울었다

"야 이놈아 네가 나를 살리겠다더니 결국 네 딸로 태어나게 했단 말이냐!"

굉장히 화가 난 아버지의 목소리가 나의 머리 속에서 크게 들렸다. 선친이 재생(再生)되어서 막내 딸로 태어난게 분명했다. 모습도 아버지와 똑 같았다.

갓난애가 전생의 기억을 갖고 있고, 텔레파시의 능력이 있다는 것을 나는 수없이 확인했다.

그러나, 생후 일년이 지나 엄마의 젖을 떼면서부터 나에게 들려오던 아버지의 음성은 차차 사라졌고, 아이의 얼굴 모습도 달라지기 시작했다.

돌아가신 선친을 막내딸로 태어나게 함과 동시에 내가 경영하던 출판사였던 동민문화사(東民文化社)는 파산했다.

윤회전생(輪廻轉生)의 법을 사사롭게 이용한데 대해서 하늘이 내리신 벌이라고 생각한 나는, 파산의 비운을 담담하게 받아들이고 그때부터 심령과학자로서, 체질개선 연구가로서의 길을 걷게 되었다.

하기야 곰곰히 생각해 보면 그때 파산을 하지 않고 출판사가 크게 성공했었더라면 나의 오늘날은 없었으리라고 생각된다. 하나의 평범한 작가요, 출판사 경영자로서의 일생을 보냈을 게 분명하고, 또 그 나름대로 나는 보다 행복했으리라고 생각된다.

심령세계의 정법(正法)을 사사롭게 썼기 때문에 결국 나는 이 세계를 위해 봉사해야만 하는 영능력자(靈能力者)와 초능력자가 된 것이 아닌가 한다.

돌아가신 아버지를 다시 딸로 태어나게 해주십사 하는 나의 소원을 받아주셨으니, 앞으로 이 세상을 위하여 심령의 등불을 밝히라는 하늘의 지엄한 명령에는 적극 순종하겠다고 다짐하게 되었다.

이렇게 해서 많은 사연을 안고 이 세상에 태어난 막내딸은 그 뒤 무럭무럭 자라서 어느덧 성년이 되어서, 올해에 여자대학을 졸업했다.

아버지인 나를 많이 닮아 영능력이 많이 발달되어 있는 것도 같고, 걸핏하면 부모를 훈계하려 드는 태도는 아무래도 그 잠재의식 속에 선친의 마음이 깃들어 있는 것 같기도 하다.

선친의 성격과는 전혀 닮은데가 없는 것을 볼 때, 영혼은 같되 태어나는 과정에서 진화되는 것이라고 생각하게 된다.

우리 내외는 이 딸을 지극히 사랑한다. 행복한 일생을 보낼 수 있도록 부모로서 가능한 뒷받침을 할 생각이지만, 아무쪼록 본인이 원하는 인생을 살기를 바랄 따름이다.

다음은 내가 경험한 또 하나의 이야기를 소개해 볼까 한다. 내가 출판사를 경영할 때, 어떤 인연으로 청평에 약간의 토지를 구입하여 집 한채를 마련한 일이 있었다.

어머니가 항상 병고에 시달려 오셨고, 또한 강가에서 살아보시는게 소망이셨기에 어머니를 위하여 지어드린 집이었다.

하기 별장(夏期 別莊)이 아니었기에 스팀 시설도 했고, 사설 수도 시설까지 해드렸는데, 막상 노인네가 몇달을 지내다 보니 외롭다고 말씀하셨으므로 그 뒤로는 빈집이 되고 말았다. 하는 수 없이 관리인을 두어서 집을 지키게 했고, 이 집은 팔자에도 없는 나의 별장이 되고만 셈이었다.

관리인인 강씨가 이 집에서 첫겨울을 나던 때가 아닌가 한다. 어느 일요일, 나는 피곤해진 머리를 식히려고 이 집을 찾은 일이 있었다. 오래간만에 시골에 내려와 맑은 바람을 쏘이니 정말 살 것만 같았다. 집 주위를 산책하다가 문득 바라다보니 우리 집과 접한 옆땅 경계에 놓인 이름없는 무덤 위에 쓰레기 더미가 잔뜩 쌓여 있었다.

그곳에 눈길이 간 순간이었다.

나의 마음 속에 낯선 노파의 음성이 들려 왔다.

"여보세요. 주인어른, 저는 이 무덤의 주인입니다. 그런데 이 무덤 위에 쓰레기를 잔뜩 버려서 그 냄새때문에 도무지

견딜 수가 없습니다. 관리인에게 이야기해서 치우도록 해 주세요."

그 소리를 듣고 나는 소스라치게 놀라지 않을 수 없었다.

여지껏 살아 있는 사람들에게 빙의되어 있는 망령들과 이야기를 나눈 일은 많지만 이런 일은 처음 겪는 일이었기 때문이었다.

이날 나는 이 무덤의 주인인 할머니가 그곳에 묻히게 된 경위를 물어서 알게 되었다.

그 이야기를 적으면 다음과 같다.

임오군란(壬午軍亂)이 일어나던 해였다.

서울 맹현(孟峴)에서 외아들을 데리고 한 노파가 살고 있었는데 아들이 난리통에 집을 나간 뒤 영 돌아오지 않았다.

노파는 미친듯 서울 장안을 헤매어 돌아다녔지만 영 아들을 찾을 수가 없었다. 그러던 어느날, 경기도 청평시장에서 노파의 아들을 보았다는 사람이 나타났다.

노파는 그 길로 짐을 싸들고 아들을 찾아 나섰으나 그 역시 헛소문이었다. 노파는 강 건너 마을인 삼회리(三會里)에 찾아들어 어느 집 문 앞에서 쓰러지고 말았다.

그때만 해도 시골 인심이 좋던 때였다.

집주인은 노파를 집안으로 끌어들여서 정성껏 간호했지만 워낙 늙은 몸에 지친 끝이라 노파는 끝내 아들을 찾지 못한 채 숨을 거두고 말았다.

죽기 전에 노파는 이런 유언을 했다.

"제가 무슨 인연인지 이런 정성어린 대접을 받고 그냥 죽기가 송구스럽습니다. 숨을 걷우거든 뒷산 양지바른 곳에 묻어 주시오. 죽어서나마 이 동네를 지켜드리는 구실을 해 드리고 싶습니다."

이것이 나의 집 옆에 있는 무덤의 내력이었다.

나는 집의 관리인이었던 강용만씨를 불러서 이런 이야기를 들려주고 당장에 무덤 주위를 깨끗이 하라고 일렀다.

"미스터 강(姜)은 아직 아들이 없지?"

"네, 없습니다."

"인제 두고 보시오. 이 겨울 안에 부인에게 태기(胎氣)가 있을 것이고, 내년에는 귀여운 아들을 얻게 될 것이오. 그 아들은 이 무덤의 주인이었던 할머니가 다시 태어나는 것일게요."

"뭐가 그럴라구요."

하고 강용만씨는 나의 이야기가 끝내 믿어지지 않는 모양이었다. 그러나 그해 겨울 강용만씨의 부인은 태기(胎氣)가 있어서 그 다음 해에 아들을 낳았다.

우연의 일치라고 생각할런지도 모르지만 나로서는 이 무덤의 주인이었던 할머니가 다시 태어난 것이라고 확신한다.

왜냐하면 그 뒤로는 그 무덤 앞에 서 있을때, 아무런 소리도 들려오지 않았기 때문이었다.

청평 땜을 건너서 다시 서울 쪽으로 2킬로쯤 내려오는 곳에 삼회리라는 작은 마을이 있다.

오래 전에 어머니가 사셨고, 그 뒤 막내 동생이 살았던 이 집은, 그뒤 얼마동안 영장(靈場)의 구실을 했고, 작년(1993년도) 가을에 도로 확장공사때문에 헐리고 말았다. 지금은 큰 도로가 되어 집이 있었던 흔적도 찾아 볼 수가 없고, 이곳을 떠난 지 오래 되어서 여기 적은 이야기를 확인해 볼 수도 없을 것이라고 생각된다. 세월이 좀 더 지나면 이곳에 나의 별장이 있었던 것을 기억하는 이도 없어질 것이기에 후일을 위하여 기록을 남기는 것이다.

〈세번째 이야기〉

오래 전 일이다.

마산에서 어떤 젊은이가 색다른 고민을 안고 나를 찾아온 일이 있었다.

"저의 형님이 얼마 전 결혼을 하셨는데, 형수한테 까닭없이 배척을 받아서 이혼 직전에 있는데 그 까닭이 무엇일까요?"

하면서 그는 결혼기념 사진을 나에게 꺼내 보였다.

나의 눈 앞에 몇가지 장면들이 재빨리 스치고 지나갔다. 그 장면들을 소개하면 다음과 같다.

"그럼 좋은 꿈 꾸세요."

하고 호텔보이가 인사하고 나간 뒤, 객실의 문이 조용히 닫혔다.

신랑은 신부를 향해 돌아섰다.

"여보, 이제 겨우 우리 둘만 남게 되었구려."

하고 신랑은 두 팔을 벌려서 신부를 가슴에 안으려고 했다.

그 순간이었다. 신부의 얼굴이 갑자기 창백해지더니 기절할 것 같은 표정이 되었다.

"당신의 얼굴이 어쩐지…"

말을 미처 마치지도 못하고 신부는 신랑의 두 팔 안에서 의식을 잃었다. 얼마나 오랜 시간이 지났던 것일까!

신부가 정신을 차려보니 침대 위에 누워 있었다.

어쩐지 허전한 것 같아 살펴보니 어느덧 신부는 알몸이 되어 있었고, 역시 알몸이 된 신랑이 걱정스러운 표정으로 지켜보고 있었다.

"아니 이게 어떻게 된거죠."

"어떻게 되기는, 우리는 오늘 결혼을 했고 이제부터 첫날 밤을 지내는게 아니겠소."

"그럼 당신은 제가 기절한 사이에…"

"아니 그럴리야 있나. 이제 서로 싫증이 나도록 인생을 함께 해야 하는데 서두를 거야 뭐 있겠소."

"그래요! 그럼 우리 이대로 그냥 자요."

하고 신부는 매정하게 돌아 눕는다.

그 순간, 신랑은 어딘지 한대 되게 얻어 맞은 것 같은 느낌이 들었다. 곤히 잠들어 있는 신부 곁에서 신랑은 뜬 눈으로 새우면서 생각은 여러 가지로 착잡했다.

첫날 밤, 부부의 정을 나누는 것을 거부한 신부의 행동이 그는 아무래도 이해가 되지 않았다.

어린 처녀라면 모를까, 서른이 가까운 사람들끼리 결혼을 했는데 이대로 헛되이 밤을 보낸다는 것은 어딘지 뭐가 잘못되어도 단단히 잘못되었다는 생각이 들지 않을 수 없었다.

그러나 그는 아내의 마음을 첫날밤부터 상(傷)하게 하고 싶지 않았었기에 조용히 날이 밝기만을 기다렸다. 그러나 이틀날 밤에도 아내의 태도는 계속해서 완강했다.

도무지 가까이 오지도 못하게 하는 것이었다.

"당신은 남녀가 결혼하는 것이 무엇을 뜻한다는 것을 몰랐단 말이오?"

하고 신랑은 아내를 다그쳤다.

"왜 모르겠어요. 하지만 어쩐지 저는 당신과 부부의 정을 나누는게 무엇인가 큰 잘못을 범하는 것 같기만 하단 말이예요."

“아니 그게 말이 되는 소리요. 우리는 총각 처녀로서 결혼했고 일가친척 모두의 축복을 받고 신혼여행을 왔는데……”

“그건 알아요! 하지만 제 마음이 열리지 않는 것을 어떻게 하지요. 저도 그 이유를 모르겠어요. 좀 더 두고 생각해 봐야겠어요.”

“그렇다면 우리는 언제까지나 이렇게 남남과 같이 살아야 한단 말이오. 부모들은 손자 손녀를 원하시는데 지금과 같은 상태로서는 어찌 아기를 바랄 수 있겠소?”

“낳은 정보다 기른 정이 더 끔찍하다는 이야기가 있지 않아요. 아이는 얻어다 기르면 되죠.”

이 말에 신랑은 더 할 말이 없었다.

아내의 너무나도 차거운 태도에 마침내 그는 노여움이 화산처럼 폭발하고 말았다. 사흘째 되던 날 밤, 그는 마침내 아내를 강제로 굴복시키고 말았다.

아내는 틀림없이 처녀였다는 생각이 들었다.

혹시 자기와 결혼하기 전에 깊은 관계를 가졌던 애인이 있었던게 아닌가 하는 의심은 풀린 셈이었다.

이들은 그뒤로 부부로서 성생활을 하기는 했지만 무엇인가 이렇다할 이유도 없이 원만치가 못했다.

남편은 부부생활을 몹시 고통스럽게 여기는 아내를 볼수록 앞날이 캄캄하기만 했다. 그는 자연히 술을 마시게 되었고 술이 취해 돌아와서는 아내를 억지로 굴복시켜서 동침하곤 했다.

이런 생활이 두달쯤 계속되자, 마침내 아내 쪽에서 헤어지자는 이야기가 나왔다.

“아무래도 우리는 서로 인연이 아닌가 봐요. 저하고 살다가는 당신은 영 술꾼이 되고 말겠어요. 해방시켜 드릴테니

다시 장가를 가도록 하세요."

"이렇게 되었으니 저의 형님은 소박을 맞은게 아닙니까? 선생님께서 그 이유를 말씀해 주실 수 없을까요."

하고 마산에서 올라 온 젊은이는 간곡하게 부탁했다.

나는 이들 부부의 결혼기념 사진을 놓고 영사(靈査)를 해 보는 수 밖에 없었다.

"내가 보기에는 젊은이의 형님 내외가 이렇게 된 것은 그들의 전생(前生)에서 원인을 찾아 볼 수가 있군요. 전생에서 형님은 일찍 홀아비가 된 시아버지였고, 형수는 역시 과부가 된 며느리였다고 생각듭니다. 그들은 20년 동안 한 집에서 정이 좋은 시아버지와 며느리로서 함께 살았던 것이 아닌가 합니다. 시아버지는 항상 며느리를 지극히 아껴주셨고 일찍 세상을 떠난 아들을 원망하곤 했습니다. 물론 이들 두 사람 사이에는 아무런 불미스런 일이라고는 없었습니다. 그러나 정신적으로 그들은 아내가 남편에게 의지하듯 남편이 아내를 사랑하듯 따뜻한 온정 속에서 일생을 보냈던 것입니다. 그것이 원인이 되어서 이번에는 다시 남녀로 태어나 부부가 된 것입니다. 형수가 형님과의 부부생활에 죄악감을 느끼는 것은 전생(前生)에서의 기억이 잠재의식 속에 남아 있기 때문이 아닌가 합니다. 이것을 완전히 표면화 시켜서 그것은 어디까지나 전생에 있었던 일이고 지금은 누구 앞에서나 떳떳한 부부라는 것을 인식하면 그들의 부부생활은 정상이 될 가능성이 있습니다."

하고 나는 이야기했다. 며칠 뒤, 이 젊은이는 형님을 모시고 다시 나의 연구원을 찾아왔다. 나는 같은 이야기를 반복적으로 들려주고 두 사람의 전생 이야기를 녹음해 주었다.

“자아 이 테이프를 갖고 가셔서 부인에게 들려 주십시오. 그렇게 되면 잠재의식 속에 들어 있는 죄악감이 소멸되어서 두분은 원만한 생활로 돌아갈 가능성이 있습니다.”

두 형제는 고맙다고 인사를 하고 돌아갔다. 그리고,

“부인때문에 알콜 중독에 가까운 상태가 되었다니 ‘옴’진동수를 100일 동안 마시도록 하세요.”

하는 말을 덧붙이는 것도 나는 잊지 않았다.

오랫동안 소식이 없다가 그뒤 반년이 지난 뒤 젊은이가 나를 찾아와 이야기한 바에 의하면 결국 그들은 헤어졌다는 것이었다.

부인은 전생같은 것을 믿지 않는 철저한 무신론자(無神論者)였다는 것이었다.

“이 말이 사실이라는 것을 증명도 할 수 없겠지만, 시아버지와 며느리 사이였다면 더군다나 살 수 없지요.”

라고 했다는 것이었다.

그러나 옴진동수 100일 동안 복용으로 젊은이는 완전히 술을 끊게 되었고, 담배까지도 안피우게 되었노라고 했다.

“선생님께서 애써 주셨지만 역시 인연이 아니었던 모양이예요. 저는 이제 여자와 결혼한다는데 자신감을 잃었습니다. 앞으로 몇년동안 배나 타면서 마음의 상처를 씻어 보도록 하겠어요”

하고 그는 체념한듯 쓸쓸이 웃었다. 그뒤 그에게서는 아무런 소식이 없다.

2. 어떤 악처(惡妻) 이야기

부처님 말씀에 '길가에서 옷깃만 스쳐도 삼세(三世)에 걸친 인연이 있어야 한다'는 이야기가 있다.

그 많은 남자들 가운데 하필 그이가 내 남편이 되었을까? 많은 여자들 가운데 그 처녀가 어떻게 내 아내가 되었을까? 하는 의문을 누구나 한번은 가져보게 마련이 아닌가 한다.

결혼이란 보통 인연이 아니면 성립될 수 없는 법이다. 그런데 그렇게 맺어진 부부들이 귀여운 자녀들과 함께 오손도손 살다가 어느 날 갑자기 파탄이 오는 경우가 있다.

그런 경우들을 차례로 소개해 볼까 한다.

지난 6년 동안, 나는 심령과학 시리즈를 열두권이나 집필했고 그 덕분에 많은 사람들을 알게 되었다.

서울 시내는 말할 것도 없고, 지방에서도 매일과 같이 많은 사람들이 나를 찾아 오고 있다.

얼마 전 일이다.

충청도 K고을에 사신다는 노부인이 아들을 앞세우고 나를 찾아온 일이 있었다. 노부인은 한숨부터 내쉬더니 핸드백에서 사진을 꺼내들었다.

젊은 남녀의 결혼 사진이었다.

"아드님 내외 사진이군요."

"그렇답니다. 헌데 지금은 함께 살고 있지 않습니다."

"손녀가 있으신 것 같은데요."

"맞습니다. 용하게 아시는군요. 그런데 며늘아기가 손녀를 낳고는 이렇다 할 이유도 없이 친정으로 간 뒤로 종무소식입니다. 몇번이나 사람을 시켜서 데려오려고 했으나 돌아오지 않을 뿐 아니라 자기 남편의 있지도 않은 험담을 하고 다녀서 우리는 이혼을 시키기로 했었죠."

"그래서요."

"그런데 막상 이혼수속을 하려고 하니까 그애가 우리 아들도 모르게 결혼신고를 했더군요. 그래서 우리는 하는 수 없이 결혼 무효소송을 했고, 그 결과 재판에는 이겨서 결혼은 무효가 되었으나 위자료조로 70만원을(주:1970년대 일임) 지불해 주라는 판결이 내렸어요. 그애는 아들의 봉급을 차압했습니다. 아무리 말세(末世)라고는 하지만 세상에 이런 경우가 어디 있습니까?"

"아드님에게는 아무런 잘못이 없으시단 말씀이군요?"

"그야 물론이죠. 우리 애는 학교 선생으로서 여지껏 여자 문제라고는 일으켜 본 일이 없는 아이입니다. 선생님께서는 사진만 보고 전생(前生)에서의 인연을 아신다고 해서 이렇게 찾아온 것입니다."

하고 노부인은 수건으로 흐르는 눈물을 닦는 것이었다.

나는 두 남녀의 결혼식 사진을 앞에 놓고 공심(空心)의 상태로 돌아갔다.

이것은 지금부터 2백여년 전, 충청도 어느 고을에서 있었던 이야기다.

그날 밤, 홍진사(洪進士)의 집은 발칵 뒤집혔다. 남편의 지극한 사랑을 독차지하려고 본부인을 독살하려던 첩이 사전에 발각이 나서 친정으로 쫓겨가게 된 것이었다.

"내 저를 지극히 아끼고 사랑해 주었거늘 이에 만족하지 않고 큰 부인을 독살하려고 하다니 정말 가증스럽구나. 그런 줄 몰랐으면 모르거니와 안 이상에는 잠시라도 내 집에 둘 수 없으니 이 길로 친정으로 돌아가도록 하라."

하는 추상과 같은 홍진사의 명령에 첩은 한마디 말도 하지 못하고 쫓겨나고 만 것이었다.

그래도 주인영감은 지난 정을 생각해서 첩에게 주었던 패물들이며 그밖의 값진 것들을 그대로 가져 가게 했고, 의식주에는 걱정이 없도록 해주는 것도 잊지 않았다.

동네에서는 홍진사의 너그러운 처사에 칭송이 자자했다.

관가(官家)에 고발하지 않고 친정으로 쫓아 보내기만 한 홍진사를 두고 사람들은 모두 너그러운 분이라고들 했다.

"두 아내를 거느리기에는 나는 덕(德)이 부족한 사람이오. 앞으로는 다시 첩을 두지 않으리라."

하고 홍진사는 부인 앞에서 맹세까지 했다.

그런데 첩을 내어쫓은 지 사흘째 되던 날 밤, 홍진사의 집에서는 다시 한번 큰 소동이 벌어져야만 했었다.

어느새 돌아왔는지 밤 사이에 담을 넘어서 들어온 첩이 대청의 대들보에 목을 매어 죽은 시체로 발견되었기 때문이었다.

곁에는 언문(한글)으로 적은 유서가 놓여 있었다.

〈영감은 보십시오. 소첩은 원한을 품고 이댁 귀신이 됩니다. 이번에는 이렇게 가지만 후생(後生)에는 반드시 영감의 정실부인(正室夫人)이 되어서 이 원수를 꼭 갚겠으니 그리 아십시오.〉

끔찍스러운 내용이 담긴 유서였다.

이 사건때문에 받은 충격으로 본부인은 실성을 했고, 끝내 제정신을 찾지 못한채 죽고 말았다. 한꺼번에 두 아내를 잃은 홍진사도 폐인이 된 것이나 다름 없었다.

70에 운명하게 되기까지 홍진사는 다시 장가를 들지 않았고, 이때부터 홍씨네 후손들은 첩을 얻어서는 안된다는 가훈(家訓)을 지키게 되었다.

"그 때의 홍진사가 바로 노부인의 아드님인 것 같습니다. 또 자결한 첩이 다시 태어난 것이 며느님이구요."

"알겠습니다. 선생님 이야기를 들으니 모든 의문이 풀어집니다. 그러면 어떻게 했으면 좋겠습니까?"

나는 녹음기를 꺼내서 녹음을 했다. 결혼사진을 보고 영사(靈査)한 결과를 이야기하고 간곡하게 타이르는 이야기도 녹음했다.

"부인께서 제가 한 이야기를 꼭 믿으라는 것은 아닙니다. 하지만 제가 영사한 것이 맞는다면 부인의 여지껏의 모든 행동은 타당하게 설명됩니다. 부인은 전생에서 홍진사의 첩으로서 본부인을 독살하려고 했습니다. 이것이 첫번째 원인입니다. 그러나 부인은 자기자신의 잘못에 대해서 전혀 반성을 하지 않고 남편을 저주하면서 자살했습니다. 이것으로써 부인은 전생(前生)에서 두가지 큰 죄를 지은 것입니다. 그리하여 다시 태어난 부인은 전생의 남편이었던 남자와 다시 결혼했습니다. 이번에는 첩이 아니고 정실부인이 된 것입니다.

이것으로 부인은 만족할 수도 있었습니다. 허나 부인의 잠재의식 속에 뿌리박힌 저주와 원망은 너무나도 컸습니다. 부인은 상식적으로 도저히 이해할 수 없는 행동을 했습니다. 부인은 지금의 남편을 저주하고 있습니다. 허나 남편은 하나도 잘못이 없습니다. 부인이 남편을 저주하고 미워할 때, 부인의 마음도 편안치가 못합니다. 남을 죽이고자 하는 사람은 자기가 들어갈 무덤부터 파는 법입니다.

설사 부인의 복수가 성공했다고 합시다. 그러면 다음 번 세상에는 남편에게서 다시 보복을 받게 될 것입니다.

이런 악순환은 끝없이 계속될 것입니다.

이 악순환을 용단과 사랑으로 끊으십시오. 그렇게 하면 부인은 지옥에서 스스로를 해방시키는게 됩니다. 서로가 기억하지도 못하는 전생(前生)에서의 원한때문에 자신의 소중한 일생을 파멸시킨다는 것은 분명히 어리석은 짓입니다. 제 이야기를 명심해서 거듭 들어 보세요."

대략 이런 내용이 담긴 녹음이었다.

노부인은 고맙다고 인사를 하고 돌아갔다.

그뒤 얼마가 지난 뒤였다.

불행한 남편의 여동생이 되는 여자에게서 편지가 왔다. 대략 이런 내용이었던 것으로 기억된다.

"오빠댁이 녹음을 듣고 태도가 완전히 바뀌었습니다. 자기가 잘못했노라고 울면서 사과를 했습니다. 앞으로는 좋은 아내가 될테니 제발 버리지 말라고 했습니다. 하지만 우리 집안에서는 지난 3년동안 오빠댁 때문에 너무나도 혼이 나서 다시 집안으로 맞아드릴 생각이 없습니다. 어쩌면 선생님 댁도 찾아갈지도 모릅니다. 어떻게 해서든 설득을 해서 오빠와 헤어지게 해 주십시오. 오빠가 정말 불쌍합니다. 부탁드립니다."

나는 생각한다.

이미 두 사람 사이에는 귀여운 딸이 있지 않은가, 자식은 친부모가 길러야 하는 법. 진정으로 후회하고 뉘우친 것이라면 다시 맞아들여서 한번만 더 기회를 주는게 옳지 않은가라고 생각한다.

인과(因果)의 법을 초월할 수 있는 것은 사랑밖에는 없지 않을까!

나만 해도 당사자가 아니기 때문에 이런 생각을 한 것인지는 모르지만 이들 젊은 부부가 부디 새로운 출발을 통해 전생(前生)에서의 모든 나쁜 인연을 스스로 불사르고 복된 출발을 하라고 다시 권유하고 싶다.

3. 72번 선을 본 사나이

근대(近代) 정신분석학의 이론을 처음으로 세운 사람이 유명한 지그몬드 · 프로이트 박사다.

'프로이트'의 이론에 의하면 인간의 마음은 현재의식(現在意識)과 잠재의식(潛在意識)과 초자아(超自我)로 이루어져 있다고 했다.

사람의 행동 동기는 모두가 잠재의식과 초자아에 그 원인이 있다고도 했다. 전생(前生)에서의 기억은 '초자아'를 형성하는 것이라고 나는 생각한다.

그 뿌리를 드러내 밝혀주는 순간, 사람은 꿈에서 깨어난 것처럼 병적인 정신상태에서 해방되는 것이다.

세상에 흔한게 처녀요, 총각이다. 그러나 막상 현실 세계에서 자기의 이상에 맞는 배우자를 고르기란 결코 쉬운 일이 아니다.

옛날에는 나이가 차면 부모님들이 앞장서서 배우자를 구해 주셨고, 큰 결점이 없는 이상 짚신에도 짝이 있다는 식으로 총각이나 처녀로 늙는 경우는 드물었다. 심지어 총각이나 처녀로 죽은 이들은 나름대로 영혼결혼식까지 해 주었으니 참으로 기찬 세상이었다.

그런데 요즘은 당사자가 변변치 못하면 장가 시집가기가 여간 힘들지가 않다.

옛날에는 그토록 반대했던 연애결혼, 요즘 부모들은 연애라도 해서 제 짝을 골라 잡아 주었으면 오죽이나 좋겠느냐는 푸념까지 하게 되었다.

얼마 전, 울산 공업단지에 자리잡고 있는 H회사에서 중견사원으로 있는 한 젊은이가 나를 찾아온 일이 있었다.

키가 훤칠하게 크고 어디로 보나 잘 생긴 젊은이었다.

"선생님이 쓰신 《심령치료》와 《심령진단》을 읽고 찾아왔습니다. 저는 올해 서른 넷인데 아직 결혼을 하지 못했습니다. 회사에서도 남들이 부러워하는 자리에 앉아 있고, 생활도 궁색하지 않습니다. 한데 결혼 운이 없나봅니다."

나는 젊은이의 얼굴을 텅 빈 마음으로 지켜 보았다.

내가 그의 얼굴을 지켜보는 동안 요상한 일이 일어났다.

그의 얼굴이 물 위에 비친 그림자처럼 흔들리더니 그 안에서 쪽진 젊은 여인의 얼굴이 잠시 나타났다가 사라졌다.

여자의 영혼이 빙의(憑依)되어 있는게 분명했다. 누군가를 간절히 그리워하는 커다란 두눈이 나에게 무엇인가 호소하는듯 했다. 다시 정신을 차려보니 침통한 표정의 젊은이가 내 앞에 앉아 있을 뿐이다.

"예사 일이 아니로군. 젊은 여자의 죽은 영혼이 몸에 붙어 있어서 결혼을 방해하고 있군요."

하고 나는 혼잣말 하듯 중얼거렸다.

"네, 그러실 줄 알았습니다. 귀신이 붙지 않고서야 그렇게 일이 매번 배배 꼬일 수는 없지요?"

"그건 그렇죠. 그런데 제가 몇번이나 선을 본지 아십니까. 자그마치 일흔 두번 선을 보았습니다. 그런데 그때마다 매번 이상하게 실수를 해서 혼담(婚談)이 깨어지곤 했지요. 이러다가는 영 결혼을 못하고 말 것 같습니다. 제가 외아들인데 부모님에게도 큰 죄를 짓고 있는 셈이죠."

"혹시 과거에 여자를 사귀었다가 헤어진 일이 있습니까?"

"없습니다. 제가 이런 말을 해도 선생님도 믿기 어려우시겠지만 저는 여지껏 그 흔한 연애 한번 해 보지 못했습니다."

"그렇다면 젊은이의 전생(前生)에 문제가 있는게 분명합니다."

하고 나는 그의 간뇌(間腦)에 기록되어 있는 과거의 이야기를 들려주었다.

"내가 서울에 가서 한밑천 마련하면 꼭 데리러 올테니 언년이는 어머니 모시고 잘 있어야 한다."

순돌이는 눈물 짓는 젊은 아내에게 이렇게 타이르고 박석고개를 넘어갔다. 젊은 아내는 서울간 남편에게서 소식 있기만을 기다렸다. 그러나 1년이 가고 2년이 지나 5년이 지나도 남편에게서는 이렇다 할 소식이 없었다. 그러자 난리가 일어났다. 임오군란(壬午軍亂)이었다. 서울에서 피난 내려온 사람들 소식 편에 언년이는 시구문 밖에서 남편을 보았다는 이야기를 들었다.

서울에서 다시 새장가를 들어서 사는 것 같더라는 이야기였다. 언년이는 그만 눈 앞이 캄캄했다.

5년 동안이나 눈이 빠지게 기다리던 남편이었다. 설마 남편이 자기를 버리고 다른 여자를 얻었으리라고는 꿈에도 생각해 본 일이 없었던 언년이었다.

이날 밤, 언년이는 시어머니에게 오랜만에 흰 밥을 지어서 정성껏 저녁 대접을 했다.

언년이는 동구(洞口) 앞으로 나갔다.

동구 앞에 가면 서울로 가는 박석고개가 나타난다.

남편과 헤어지던 곳이다. 그 고개 앞에는 커다란 서낭당 나무가 서 있었다.

서낭당 나뭇가지 사이로 둥근 달이 걸려 있고, 어디선가 개짖는 소리가 들리는 조용한 밤이었다.

"여보, 어쩌면 그럴수가 있어요. 이렇게 저는 임자만 기다리고 있는데 새장가를 들다니! 아니 저는 죽어서라도 당신을 차지해야겠어요"

하고 언년이는 달을 보며 통곡했다.

이튿날 아침, 서낭당 나무에 목을 맨 언년이의 시체가 동네 사람들에게 발견되었다.

"그러니까 제가 전생에서 아내를 버렸단 말씀이로군요."

"그런것 같습니다."

"하여튼 이상합니다. 제가 이번에는 꼭 성사를 시켜야겠다고 결심을 했다가도 꼭 실수를 한단 말씀입니다."

하고 젊은이는 한숨을 몰아쉬었다.

"가령 한가지 예를 들면 이런 실수를 한단 말씀이예요" 하고 그는 다음과 같은 이야기를 들려 주었다.

"얘 오늘 점심시간에 아리사 다방으로 꼭 나와야 한다. 또 실수하지 말고."

"네, 염려마세요."

"너 오늘이 몇번째로 선을 보는지 아느냐?"

"일흔 두번째죠."

"알기는 아는구나. 내가 그동안 열명도 더 중매를 서서 결혼을 시켰다만 너 같은 경우는 처음이다. 이번에 실패하면 다시는 색시감 소개해 달라는 이야기를 해서는 안된다."

"알았습니다. 제가 꼭 나가겠습니다."

고모에게서 온 전화를 끊고 준호는 안주머니에서 색시감의 사진을 꺼내 보았다. 시원스럽게 벗겨진 이마하며 서글서글한 두눈, 총명한 인상을 주는 잘 생긴 처녀였다. 학교도 서울 E여대 출신이고 집안도 좋았다. 여지껏 맞선 본 중에서 제일 마음에 드는 처녀였다. 웬만하면 오늘 아주 선 본 자리에서 결정을 해야겠다고 그는 생각했다.

그런데 점심시간이 가까와서였다. 한방에서 근무하는 타이피스트인 경옥이가 생글생글 웃으면서 곁으로 다가오더니,

"준호씨 오늘 제가 점심을 사드렸으면 하는데 어떠세요!" 하는게 아닌가?

"오늘이 무슨 날인데?"

"오늘이 제 귀빠진 날이거든요. 늘 준호씨 신세만 져서 한턱 내려구요."

"그럽시다. 그거 어려운 일 아니죠."

하고 그는 선선이 대답했다. 12시 정각에 신부감되는 아가씨와 맞선을 보기로 한 것이 어째서 생각이 나지 않았던 것인지 정말 이상한 일이 아닐수 없었다.

그들은 나란히 회사에서 나와 다방 겸 경양식 집인 '아리사'로 향했다. 둘이는 구석진 자리에 앉아서 식사를 주문했다. 식사를 들면서 한참 재미나게 이야기를 나누고 있는데, 앞에서 누군가 자기를 노려보고 있는 것 같은 느낌이 들어서 준호는 고개를 들었다.

얼굴이 새파랗게 질려서 자기를 잔뜩 노려보고 있는 고모님의 시선과 마주친 순간, 준호는 정신이 번쩍 들었다. 바로 이곳에서 선을 보기로 약속을 했던게 생각이 났기 때문이었다. 시계를 보니 12시 20분이었다.

"고모님!"

"얘, 나좀 보자!"

준호는 어찌된 영문을 몰라서 어리둥절해진 표정으로 자기를 지켜 보는 경옥이 앞에서 일어서서 고모님 곁으로 걸어갔다.

"고모님 죄송합니다. 약속을 잊어서……"

"네가 사람이냐? 나를 이렇게 망신시킬 수가 있니? 하필이면 선을 보기로 한 곳에 다른 여자와 함께 와서 식사를 하다니!"

다음 순간, 준호는 눈 앞이 번쩍했다. 장갑을 낀 손으로 고모님이 뺨을 때린 것이었다.

"색시 댁에게 이런 실례가 어디 있니? 너 다시는 색시감 소개해 달라는 소리 하지도 말아라!"

고모님은 뒤도 돌아보지 않고 바깥으로 나가시고 말았다. 다시 자리에 돌아온 준호에게 경옥이가 물었다.

"그분이 누구신데 준호씨 뺨을 때리셨죠?"

"내가 맞아서 마땅한 짓을 한 거요. 그분은 고모님이고 오늘 이 자리에 맞선을 보기로 한 것인데 내가 그만 약속을 잊었지 뭐겠소."

"어머나!"

경옥이는 놀란 표정으로 준호를 지켜 보았다.

"상대편 색시에게 큰 실례를 했군요. 약속이 있다고 하셨으면 제가 모시고 나오지 않는건데."

"아니 경옥씨에게는 아무런 잘못이 없어요."

"하지만 저라도 이런 경우라면 준호씨를 용서할 수는 없을 거예요."

하고 경옥이는 어이없다는 듯 준호를 똑바로 바라다보는

것이었다.

"내 처방은 그렇습니다. 우선 '옴'진동수를 백일동안 마시고 오세요. 서너 번 시술을 받고 제령을 합시다."

하고 나는 그에게 '옴 진동'테이프를 주었다.

백일이 지난 뒤, 이 젊은이는 나를 찾아왔다. 예정대로 일은 잘 되었다.

올 가을 쯤에는 결혼한다는 소식이 올 것 같은데 그에게서는 아직 아무런 연락이 없다.

4. 의처증 환자가 된 어느 신랑의 이야기

주간지에 실린 〈방랑 4차원(放浪四次元)〉을 읽었다면서 젊은 부인이 나를 찾아온 일이 있었다. 손위 시누이와 함께 말이다.

“저는 결혼한 지 두달 밖에 안되었습니다. 헌데 남편이 어찌나 저를 의심하는지 이대로는 도저히 살 수 없을 지경입니다. 하루종일 곁에 붙어 있어야 하고 심지어는 사소한 일로 저를 때리기까지 합니다.”

“남편의 직업이 무엇인가요? 나이는 몇살이구요?”

“직업은 상업이고 나이는 서른 네살입니다. 요즘에는 점포에도 나가지를 않습니다. 이대로 길고 긴 일생을 함께 살 생각을 하면 정말 눈앞이 캄캄합니다. 결혼한다는 것은 모르던 남남끼리 서로 의지하고 믿고 사랑하면서 살아가는데 뜻이 있지 않습니까?”

하고 젊은 새댁은 눈물을 짓는다.

“남편의 사진을 가져 오셨나요?”

“네, 여기 있습니다.”

하고 부인은 천연색으로 찍힌 결혼사진을 내어보인다. 사진을 본 순간이었다. 사진 속의 신랑 얼굴이 쪽진 노파의 얼굴로 변해 보이는게 아닌가!

“알았습니다. 두분은 전생에서는 시어머니와 과부 며느리였었군요.”

“그럼 저의 남편이 전생에서는 여자였었다는 말씀인가요?”

하고 새댁은 두 눈을 크게 뜬다. 나는 두 사람에 대한 영사(靈査) 결과를 다음과 같이 들려주었다.

지금부터 약 백년 전, 경기도 용인에 쌍과부가 의좋게 사는 집이 있었다.

시어머니도 며느리도 모두 젊어서 과부가 되었고, 며느리에게는 그나마 자식도 없었다.

두 사람은 다같이 바느질 솜씨가 좋아서 일이 많았다. 시어머니는 며느리를 극진이 사랑했다.

일찍 과부가 되어 혼자 늙어가는 며느리가 불쌍하기도 했지만, 혹시 홀아비의 눈에 띄어서 보쌈으로 밤에 업혀라도 갈까봐 항상 그것이 불안했다.

“나는 네가 나를 버리고 다른 데로 시집갈까 그게 늘 걱정이다.”

하는 말을 항상 입버릇처럼 했다.

“아이 어머님도 끔찍스러운 말씀도 하시네요. 제가 어머니를 버리다니 벼락을 맞지요. 저는 어머님 모시고 이대로 사는게 좋습니다. 어머님이 돌아가시고 저도 늙으면 양자라도 들여서 의지하고 살면 될게 아니겠어요.”

하고 며느리는 자기를 의심하는 시어머니가 여간 원망스럽지 않았다.

“내가 남자고 네가 내 댁이라면 얼마나 좋겠냐! 여자끼리 함께 산다는 것은 정말 못할 짓이로구나. 다음 세상이 있다면 내가 네 남편이 되어 주겠다.”

"어머님도 점점 이상한 말씀만 하시네요"

하고 며느리도 빙그레 웃었다. 허나 그 웃는 얼굴은 우는 얼굴보다도 더 슬퍼 보였다.

"언니 나 아무래도 파혼해야 할까봐!"

하고 인옥은 심각한 표정이었다.

"얘, 너 미쳤니? 약혼한 지 한달도 안되어 파혼을 할거면 애당초 약혼을 하지 말았어야 할게 아냐? 도대체 이유가 뭐니?"

"언니 나는 심각허우. 그이가 나를 의심하지 않우 어저께 사무실에 전화를 걸어왔는데 내가 없었거든. 그때가 저녁 때였우. 내가 웬 놈팽이하고 틀림없이 여관 갔을 거라구 근처 여관을 전부 뒤졌다지 뭐예요. 평소부터 잘 아는 K여관 사무원이 알려줘 안 일이지만 이런 망신이 어디 있우?"

"그러니까 의처증 증세가 있는 게로구나."

"있는 게로구나가 아니라 바로 의처증인게 분명해요."

"그거야 너를 지극히 사랑해서 그런게 아닐까? 서른네살 노총각이 인제 겨우 장가들게 되어서……"

"말이 안돼요. 사랑하면 믿어야죠? 난 아무래도 파혼하는게 좋을것 같우."

하고 인옥은 한숨을 몰아쉬었다. 허나 부모님은 대반대였다. 남자도 아니고 여자가 약혼까지 했다가 파혼을 한다는 것은 결혼했다가 이혼하는 것이나 다름이 없다는 얘기였다.

나이는 좀 많지만 술 담배도 안하고 근처 이웃들에게는 착실하기로 이름난 젊은이요. 비록 규모는 크지는 않지만 작은 점포의 주인이기도 한데 이런 자리를 마다해서야 말이 안된다는 얘기였다.

인옥이 밑에는 아직 시집 안간 동생들이 주렁주렁 기다리고 있는데 큰 딸애에게 차질이 생긴다면, 앞으로 동생들 혼사(婚事)에도 큰 지장이 있다는 부모님 말씀에 인옥은 내키지 않는 결혼식을 올려야만 했었다.

막상 결혼을 하고 보니 또 새로운 문제가 생겼다. 깡마른 체격인데다가 몸집도 작은 신랑의 몸에서 웬 정력이 그렇게 샘솟듯 솟아나는지 도대체 밤마다 잠을 재우려고 들지를 않았다.

인옥이가 조금이라도 지친 기색만 보이면,

"자기 누군지 좋아하던 남자가 따로 있는 것 아냐?"

하고 화를 내는 것이었다.

"물론 당신이 저를 사랑해 주시는 것은 좋지만 모든게 정도라는게 있지 않아요. 이러다가 당신 앓아 눕게 될까봐 걱정이 되어서 그러는 거예요. 또 가게에도 나가셔야 할거구요."

"이것봐, 나는 인옥이와 결혼하기까지 숫총각이었어. 나는 남들처럼 바람 한번 피워본 적이 없는 사람이야. 남편이 아내를 사랑하는게 뭐가 잘못이지. 그까짓 가게야 얼마동안 문을 닫아도 돼. 한달쯤 쉬었다고 우리가 밥 굶게 되는 건 아냐"

아예 이것은 사람이 아니라 '옷도세이'(물개)가 아닌가 싶었다.

그 깡마른 몸의 어디서 그런 왕성한 정력이 솟는지 인옥은 아침이면 하늘이 노오랗게 보이곤 했다.

남들이 꿀맛 같다는 신혼생활이 인옥에게는 즐거움이 아니라 지옥과 같은 고통의 연속이었다.

남편은 아내가 자기와 같이 부부생활을 즐기지 않는다고 결혼 전에 애인이 있었던 것이 아니냐고 들볶아 대었다. 없다고 하니까 나중에는 실토를 하라고 때리기까지 했다.

아무데도 나가지를 못하게 했다. 어쩌다 잠시 집을 비우면 남편은 근처 여관에다가 전화를 걸어서 점검을 하곤 했다. 가게도 문을 닫은체 숫제 나가려고 하지를 않았다.

아무리 자기의 결백을 주장하고 사실을 있는 그대로 이야기해도 끝내 믿어주지 않는 남편이 그저 한없이 멀게 느껴지기만 했다. 손위 시누이에게 의논했다.

“그러니까 그 애가 틀림없는 의처증이로구려. 내가 어디서 얼핏 들은바에 의하면 일종의 정신병이라던데 병원에 가보는 게 어떨까?”

하고 걱정을 해 주었다. 그날 밤 인옥은 남편에게 조심조심 얘기를 꺼냈다가 아주 혼이 나고 말았다.

“뭣이 어째? 나를 정신병원에 데리고 가겠다고? 나를 의처증 환자라고——. 알았다, 나를 정신병원에 가두고 마음껏 놀아나겠다, 이 말이지?”

“그런게 아니래두요. 요즘 당신의 행동은 분명히 정상이 아니예요. 저를 의심하는 것도 문제지만 그렇게 체력(體力)을 소모해서야 항우장사도 못견딜 거예요. 이건 분명히 어디가 잘못되어도 크게 잘못된 거예요.”

“야 이년아! 귀여워 해주니까 나중에는 못할 말이 없구나! 나는 남들과는 다르다. 나는 지난 34년 동안 여자 근처에도 가본 일이 없는 사람이야. 다른 놈들처럼 정력을 낭비한 일이 없어. 한두 달쯤은 문제가 아니야. 남편이 아내를 사랑하는데 앙탈이 무슨 앙탈이냐!”

하고 눈에서 불이 번쩍 나게 따귀를 맞아야만 했다. 남편이 덤벼들수록 인옥의 마음은 싸늘하게 식어가기만 했다. 남들이 모두 좋아한다는 부부생활이 인옥에게는 오직 역겹고 고통스럽기만 했다.

아내가 흥분하지 않는다고 마음 속으로 딴 사내를 생각하기 때문이라고 입에 거품을 물면서 대어드는 남편이 인옥이에게는 짐승 같게만 느껴지는 것이었다.

인옥은 이렇게 생각하는 자기 자신이 그저 슬프게만 했다. 그래서 남편을 기쁘게 해주려고 어떤 때는 거짓 신음소리를 내어 보기도 했다.

"고마워! 당신이 이렇게 기뻐하니 나는 끝내 사내 구실을 못하는 줄 알았지. 도대체 여자 경험이 있어야 어떻게 다루면 되는지 알수가 있어야지"

하고 남편은 울기까지 했다.

그 순간 인옥은 처음으로 남편이 불쌍한 생각이 들었다. 핼쑥하게 여윈 남편의 얼굴이 찌든 노파의 얼굴처럼 보인 것은 무슨 까닭이었을까? 생각하면 이상한 일이 아닐 수 없었다.

서른 네살까지 숫총각이었다는 남편의 말은 믿어도 좋을 것 같았지만 이렇게 정력이 왕성한 사람이 여자없이 살아온 게 이상하기만 했다.

두 사람은 열렬히 사랑해서 결혼한 사이도 아니었다. 주위 사람들의 권유로 맞선을 보고 한달 가량 교제를 하다가 결혼한 사이였다. 그런데 남편의 자기에 대한 집착은 너무나 병적이었다.

인옥은 철이 들면서 자기가 미인이라고 생각해 본 일은 한번도 없었던 여자였다. 길에서 얼마든지 찾아볼 수 있는 평범한 여자일 뿐이라고 생각해 왔던게 사실이었다. 그래서 처녀시절에도 자기에게 접근해 온 남자가 없었던 것이라고 때로 서글프게 생각했던 것도 사실이었다.

그런데 남편의 자기를 보는 눈은 그렇지가 않은게 분명했다. 모든 남자들이 인옥에게 탐을 낼 것으로 생각하는 모양이었다.

"그러니까 전생(前生)에서 과부가 된 시어머니가 이 역시 과부가 된 며느리와 함께 살면서 늘 며느리가 자기를 버리고 떠날까봐 불안했던 것이 잠재의식에 남아 있는게 아닌가 합니다.

인옥 여사의 남편은 전생이 여자였고 또 지금 과도하게 부부생활을 요구는 것은 스스로 남자라는 것을 확인하려는 욕구 때문이 아닌가 싶군요."

다음날 이들 부부는 나를 찾아 왔다. 나에게 자세한 이야기를 듣고 남편은 무엇인가 크게 깨닫는듯 했다.

그뒤 이들 부부는 원만치 않으면 다시 찾아오겠다고 했는데 그뒤 반년이 넘도록 아무런 소식이 없다.

5. 누구나 운명(運命)은 바꿀 수 있다

나는 생각한다.

인간에게 분명히 숙명(宿命)이라는 것은 있으나, 운명은 미리 완전히 정해진 것이 아니고 반쯤 정해진 것에 지나지 않으며 자기 자신의 노력에 따라서는 어느 정도 수정도 될 수 있는 것이라고 생각한다.

그러면, 우선 숙명에 대한 정의부터 내려보기로 한다.

이 우주는 많은 종류의 생명체(生命體)가 가득차 있다. 숙명이라는 것은 이미 자기의 의사나 노력만 가지고는 어쩔 수 없는 그야말로 미리 정해진 운명의 조건을 뜻하는 것이라고 생각하면 과히 틀리지 않을것이다.

우선 이 은하계(銀河系)의 수많은 별나라들 가운데 지구에 태어났다는 것을 들 수가 있고, 그 중에서도 사람으로 태어났다는 사실을 잊어서는 안된다.

다음은 어느 나라, 어느 시대, 어느 가정의 남자 또는 여자로 태어난 것, 이것이 내가 생각한 숙명의 테두리다.

이것은 수없이 많은 생애를 통해 얻어진 결과이기 때문에 자기가 태어나기 이전의 행위가 원인이 된 것이며, 우리로서는 어쩔수 없는 자연조건이 아닐 수 없다. 그러나 운명은 내가 하기에 따라서 또 가까운 이웃의 영향에 따라서 얼마든지 바뀌어 질 수 있다는 것이 나의 생각이다.

여기에 대하여 나의 체험담을 몇가지 소개해 볼까 한다.

〈첫번째 이야기〉

내가 동민문화사(東民文化社)라는 출판사를 경영하고 있었을 때의 이야기다. 하루는 차를 타고 지금은 없어진 을지극장 골목 앞을 지나는데(그때 시간이 밤 8시쯤이 아니었던가 생각된다) 얼른 보니 길거리에서 몹시 술에 취한 사나이가 택시를 잡으려고 이리 뛰고 저리 뛰면서 애쓰고 있었다.

내가 보니 그는 그곳에 그대로 있다가는 앞으로 한 시간 안에 큰 교통사고를 당해 생명이 위험하게 되리라고 생각되었다.

누군지는 알 수 없으나 그가 책임지고 있는 부양 가족들은 12명이나 된다는 느낌도 아울러 들었다.

나는 운전기사에게 차를 멈추라고 했다.

"사장님 왜 그러십니까?"

"저 사람 좀 태워줍시다."

"아니 무슨 말씀을 하시는 겁니까? 우리 차는 택시가 아니지 않습니까? 더구나 술취한 사람을 태워주었다가 프론트 유리라도 깨면 어쩌시려구요."

"내가 지금 저 사람을 여기 두고 가면 앞으로 한 시간 안에 교통사고를 당할 것 같고, 더구나 부양가족이 12명이나 되는 것 같단 말이오."

"사장님도 참 이상하시군요. 바쁜데 그냥 가십시다."

"이봐요, 이기사(李技士) 다른 사람은 몰라도 내가 보기에는 저 사람은 틀림없이 사고를 당하게 되어 있는데 그것을 알고도 구해주지 않고 그냥 간다면 하느님 앞에 내가 큰 죄를 짓게 되는 거요. 이기사가 정 내 말을 안듣겠다면 내일로서 회사를 그만 두어주어야겠오."

하고 나는 강경하게 이야기했다. 그제서야 운전수는 할 수 없이 차를 세웠다. 웬 자가용차가 자기 앞에 와서 멈추면서 타라고 하니까 술 취한 사람은 얼른 타면서도,

"이 차 영업 행위 하는 거요."

하고 시비를 건다.

"아닙니다. 뉘신지는 모르지만 택시 잡으려고 몹시 애쓰시는 것 같아 그냥 모셔다 드리는 것입니다. 그런데 가족은 몇이나 되시죠?"

하고 물었다.

"나 이래 보여도 부양가족이 많습니다. 자그만치 열 두명, 내자신까지 합해서 열 세명인 셈이죠."

그 말에 운전수는 멋적게 씩 웃었다.

"그봐요. 내 말이 맞지 않소."

이야기를 들어보니 이 손님은 옛날에는 꽤 이름을 날린 일도 있던 권투선수였었노라고 했다. 스카라 극장 뒷골목에서 나는 이 손님을 내리게 했다.

"왜 집까지 좀 데려다 주시지."

"글쎄 그랬으면 좋겠지만 나는 바쁜 사람입니다. 또 선생은 위험지역을 벗어났으니까 내려주셔야겠어요."

그는 나의 이야기가 무슨 뜻인지 전혀 알아듣지를 못하는 모양이었으나 나로서는 책임을 다했으니 사뭇 마음이 흘가분 했다. 이 손님은 그 시간 그곳엔서 교통사고를 당할 운명이었으나 그 운명이 시정된 예라고 생각한다.

〈두번째 이야기〉

해마다 예비고사와 대학입시 시즌이 되면 많은 고등학교 졸업반 학생들이 나를 찾아오곤 했다.

나는 점술가(占術家)가 아니기 때문에 그때마다 친절하게 대하기는 하지만 어느 학교를 택하라고 하는 이야기는 일체 하고 있지 않다.

그런데 지금부터 10년전 일이었다. 전에도 온 일이 있는 학생이 김장환(가명임)이라는 친구를 데리고 왔다.

대학시험을 보기 전에 유명한 점쟁이를 찾아가 보았더니 1차는 물론이고 2차도 합격이 될 수 없다는 이야기를 듣고 몹시 낙담하고 있어서 데리고 왔다는 이야기였다.

고등학교 성적도 좋고 예비고사 성적도 좋았지만 그런 이야기를 듣고 보니 자신이 서지 않는다는 학생에게 나는 이렇게 이야기했다.

"학생을 보니 콩팥(신장)이 안좋아서 건망증 증세가 있는 것 같아. '옴'진동수를 마시고 체질개선 시술을 받으면 1차는 몰라도 2차는 틀림없이 될수 있을테니 어디 한번 해보지 않겠나?"

하고 권해 보았다.

김장환군은 시키는대로 '옴'진동수를 마셨고, 시술도 받았다. 그래서 그랬던지 1차로 본 서울대학은 낙방을 했지만 이차로 본 E대학 경영학과에는 합격했다.

"본인이 용기를 내어 최선을 다한 때문이지 나야 뭐 크게 도운게 있나?"

하고 나는 인사 온 김군에게 이렇게 이야기 했다.

그런데 신학기가 시작된 지 얼마 뒤였다.

김군을 소개해 준 학생이 또다시 나를 찾아 왔다.

"장환이가 학교에 등록을 한 뒤에 자퇴를 하고 재수(再修)를 하겠답니다. 내년에 다시 서울대학 시험을 보겠다면서 그 누구의 이야기도 들으려고 하지를 않습니다. E대학에 들어간 것만도 얼마나 다행스럽습니까? 저는 거기도 안되었거든요!"

하고 멋쩍게 웃는다.

다음 날, 김군이 또다시 나를 찾아왔다.

나는 그를 앞에 놓고 집안 식구들을 간접적으로 영사(靈査) 해 보았다.

"내가 보니 아버지께서는 혈압이 높으시고 어머니도 십이지장이 안좋으신 것 같은데, 이대로 방치해 두면 내년 7, 8월경에 아버지가 쓰러지셔서 돌아가시든지 아니면 반신불수가 되어 직장에서 은퇴하시겠네. 그렇게 되면 김군은 대학 갈 기회가 영 막힐것 같아. 지금 그대로 E대학에 다니면 고학(苦學)이라도 해서 대학을 졸업하겠지만 그렇지 않으면 영 기회가 없을 것 같군. 그러니 내일 부모님 사진을 가져와 보지. 그러면 아버지, 어머니에 대해서 좀 더 정확한 이야기를 해줄 수 있을 거야."

해서 그날은 그냥 돌려 보냈다.

다음 날, 김군은 부모님의 사진을 가지고 왔다.

"아버지는 평상시 혈압이 100에서 140이고 조금 안좋으시면 120에서 180, 아주 안좋으실 때는 200을 넘는 것 같아. 가족들이 걱정할 것 같아서 말씀은 안하고 계시지만 안좋아요. 그리고 어머니는 십이지장 궤양이 아닌가 느껴지는군."

하고 나는 이 수치를 종이에 적어 주고 아버지에게 여쭈어 보아서 맞으면 7, 8월경이 위험하다는 내 짐작이 예정된 운명인줄 알라고 이야기했다.

"E대학을 졸업하고 대학원은 서울대학을 택하는 것이 아무래도 현명한 처사일 것 같군."

라는 이야기를 덧붙이는 것도 잊지 않았다.

다음 주 일요일이었다.

일요일은 내가 쉬는 날인데, 난데없이 김군이 부모님을 모시고 나타났다.

"정말 놀랐습니다. 저를 보시지도 않고 제 혈압의 수치를 알아내신 데는 감탄했습니다. 그리고 여러가지로 제 자식에 대해서 염려해 주셔서 감사합니다."

그러자 부인도 한마디 했다.

"저도 최근에 종합검사를 받았는데 십이지장 궤양이라는 판단을 받았습니다."

나는 이들에게 체질개선의 원리를 자세히 설명했고, '옴 진동음'이 들어있는 카세트 테이프를 건네 주었다.

"아시다시피 사람의 몸은 80퍼센트 이상이 물로 되어 있습니다. 그 물이 여러가지 원인으로 오염되어서 산성체질(酸性體質)이 될 때 모든 질병이 생기는 것입니다. 그런데 진동수는 피에치(P.H.)가 7.4인 약한 알카리성 물이고, 활성화된 물이기 때문에 음전자(陰電子)가 많이 포함되어 있다는 것이 몇년에 걸친 임상실험 결과 밝혀진 것입니다. 한편 이 테이프는 강력한 염력(念力)이 들어간 것이기 때문에 단순한 소리라기 보다는 영적(靈的)인 힘이 들어가 있습니다. 이 테이프를 복사하지는 마십시오. 진동 테이프를 복사하면 둘다 못쓰게 되니까요."

하고 우선 '옴'진동수를 한달 이상(이상적인 시간은 100일임) 복용하고 그뒤 일주일에 한번씩 직접 체질개선 시술을 받으라고 했다.

"선생은 법조계(法曹界)에 계신 모양인데 앞으로 체질 개선이 되면 운명이 바뀝니다. 마음껏 일하실 수 있는 최고의 자리에 까지 올라가실 것입니다. 하지만 만일 지금 그대로 계시다가 승진하신다면 아마 모르긴 해도 과로때문에 쓰러지시기가 쉬울 것입니다."

하고 곁들여서 운명판단도 해주었다.

그뒤, 김군의 아버지는 누구라면 다 알만한 자리에 올라갔고, 장환군도 E대학에서 열심히 공부하고 있다.

화가 복이 된다는 이야기는 바로 이런 경우가 아닌가 한다. 만일 아들이 처음부터 서울대학에 입학을 했었더라면 그의 부모와 사귈 수 있는 기회는 없었으리라. 따라서 그의 아버지도 예정된 운명의 코스를 걸었을게 분명하다.

법조계의 높은 자리에 올라가서 국사(國事)를 다루는 일도 없었을 것이고, 모든 것이 달라졌을 것이 분명하다고 생각한다.

내가 이 이야기를 소개한 것은 무슨 일이건 당장 눈 앞에 닥친 결과만을 보고 속단하지 말고, 우리가 마음을 옳게 가질 때 얼마든지 화가 복이 될 수 있다는 사실을 밝히려는데 있다.

이 이야기의 주인공들은 모두가 살아 있는 사람들이지만 개인의 프라이버시를 위해서 본명을 밝힐 수 없는 것이 약간 안타깝지만 그것은 어쩔 수 없는 일이 아니겠는가!

(주: 이 일이 있은 지 10여년이 지난 얼마 전 일이다. 장환군의 친구라는 젊은이가 나를 찾아와 그의 근황을 알려주었다.

그는 E대학을 졸업하고 서울대학교 대학원에 진학했고, 미국유학까지 갔다온 뒤, 지금은 소장 실업가로서 활동하고 있다고 했다.)

〈세번째 이야기〉

고급 공무원의 한 가족이 나의 연구원에 손님으로 찾아온 일이 있었다. 부인은 콩팥을 하나 문제가 있어 떼어 냈는데, 요즘 또 하나의 콩팥도 신장 기능이 좋지 않아 나를 찾아 왔노라고 했다.

이 부인은 일정한 기간(100일이 아니었던가 한다.) '옴'진동수를 복용하고, 2주일쯤 시술을 받은 뒤에 건강을 완전히 되찾았다.

하루는 이 부인이 가족들을 모두 데리고 나를 찾아왔다. 영사를 해보니 별 문제가 없는듯 했다. 그런데 큰 딸의 얼굴빛이 아주 좋지 않았다.

"따님을 한번 영사를 해볼까요?"

하고 그녀의 두눈을 가볍게 누르고 옴진동을 한 순간이었다. 난데없이 시체 썩는 듯한 냄새가 방 안에 가득 했다.

"아니 이 애한테서 이런 냄새가 나다니 웬 일입니까?"

하고 부인이 먼저 냄새를 맡고 소스라치게 놀랐다.

"빼스 통학을 하지 않습니까?"

"네, 맞습니다."

"가다가 한쪽 발목이 자주 삐긋하지 않아요."

"그런데요. 그걸 어떻게 아시죠."

"역시 한쪽 콩팥 기능이 안좋은 것 같습니다. 이대로 두면 앞으로 6개월 이내에 길을 건너다 쓰러지는 순간 교통사고를 당해서 죽거나 불구자가 될 가능성이 있군요."

내가 이렇게 이야기한 것은 이 여학생에게 일어날 교통사고 현장이 아주 뚜렷하게 보였기 때문이었다.

손금을 보니 역시 교통사고 당할 가능성이 나타나 있었다.

"따님은 교통사고로 죽거나 불구자가 될 운명이지만 부모님들이 착하시기에, 또 부모에게는 자식을 잃거나 불구 자식을 둘 팔자가 없기 때문에 오늘 이 사실을 알게 된 것 같습니다."

하고 나는 웃었다.

이 여학생은 체질개선 시술을 받고 완전한 건강체가 되었고, 그뒤 여러 해가 지났지만 아직 아무런 기별이 없는 것을 보면 운명이 개선된 것이 분명하다고 생각한다.

이 밖에도 내가 경험한 이야기는 수없이 많지만, 지금 얼른 기억에 떠오른 세가지 경우만을 소개한 것임을 밝혀둔다.

6. 밤마다 누군가를 기다리는 젊은이

몸에는 아무런 이상이 없는데 마음이 병든 병, 이런 질병들 가운에 흔히 찾아 볼 수 있는게 노이로제이다.

당뇨병 · 고혈압 · 노이로제 등을 문명병(文明病)이라고 부른다. 미개한 사회에서는 찾아볼 수 없는 질병이고, 요즘에 와서 갑자기 늘어난 질병이기 때문이다.

경제가 고도성장을 하면 할수록 사람들의 마음은 스트레스를 일으키게 되고, 30년 전에는 그 이름도 잘 몰랐던 노이로제가 요즘은 아주 흔한 질병이 되었다. 현대인이라면 노이로제 증후를 전혀 갖지 않은 이가 드물다고 할 만큼 증가되었다.

특히 봄 · 가을, 환절기에 많이 발생하는 것이 노이로제인데, 나는 지난 20여년 동안 이런 사람들을 수 없이 치유시킨 경험이 있다. 그런 수많은 노이로제 환자들 가운데에서 그 병의 원인이 전생(前生)에서의 잘못때문에 빚어진 경우를 하나 소개해 볼까 한다.

하루는 얼굴에 수심이 가득 잠긴 한 중년부인이 나의 연구원을 찾아왔다.

부인은 인사가 끝나기 무섭게 핸드백에서 사진 한장을 꺼내어 내 앞에 내어 놓았다.

두눈에 촛점이 전혀 없는 멍한 얼굴, 신경성 질환을 앓고 있는 환자의 특징을 지닌 얼굴이었다.

"아드님이신가요?"

"네."

"혹시 외아들이 아닌가요?"

"맞습니다. 선생님은 사진만 보시고도 모든 것을 아신다고 하기에…"

하고 부인은 말끝을 흐리면서 눈물을 닦았다.

"아주 심한 노이로제로군요. 병원에서는 고칠 가망이 거의 없다고 하지 않던가요."

"맞습니다. 병원에도 일년 이상 입원을 시켜 보았지만 별 차도가 없었습니다."

하고 부인은 한숨을 몰아쉬었다.

아들의 병 치닥거리를 하노라고 찌들대로 찌든 얼굴, 아마 모르긴 해도 이 집안은 아들 병고치기 위하여 재산도 어지간히 탕진하였으리라.

나는 마음을 텅 비게 한 뒤, 사진에서 나오는 영파에 동조를 했다. 그러자 나의 눈 앞에 여러가지 장면들이 떠올랐다.

"아드님은 한밤중이면 대문을 열고 바깥에 나가 우두커니 앉아서 누군가를 기다리는게 특징이 아닌가요?"

"그렇습니다. 그것을 어떻게 아십니까?"

하고 부인의 두 눈에는 반짝하고 희망의 빛이 켜지는 듯했다.

"대단히 안된 이야기입니다만, 아드님의 병은 뿌리가 아주 깊습니다. 태어나기 이전 전생(前生)에서의 잘못이 그 원인입니다. 또 어머니도 지금과 같은 고통을 받을 원인을 전생에서 만드신게 분명합니다."

“전생이 있다는 것은 저도 불교신자이기 때문에 믿습니다만, 전생에서 아들 애와 저는 무슨 관계가 있었던 것일까요?”

“전생에서는 아드님은 아주머니의 사위였죠. 아주머니에게 아들이 없었고 외동딸 밖에 없었습니다. 좀 더 알아듣기 쉽게 설명을 해드리죠.”

〈남편을 기다리다가 돌이 된 여인의 이야기〉

순이와 덕이는 충청도 어느 깊은 산골에 사는 가난한 젊은 부부였다. 아무리 일을 해도 가난을 벗기가 어려웠다. 생각다 못해 덕이는 얼마 안되는 밑천을 마련해 서울에 가서 행상으로 돈을 벌기로 했다.

순이와 덕이 사이에는 돌이 된 귀여운 아들이 있었다.

깊은 산 속에서 남편만 의지하고 살아 온 순이는 덕이를 떠나 보내는 것이 어쩐지 영 이별이 될것만 같아 서러웠다.

서울이라는 곳이 어떤 곳인지는 몰라도 이렇게 잘 생기고 늠름한 사내인 남편을 서울 여자들이 그냥 둘 것 같지가 않았다.

“임자 혹시 딴 마음 먹고 서울 여자 얻어 살고 안돌아오면 나는 죽을 것이니까 그리 아세요. 아마 죽어서 원한귀가 되어서 당신을 찾아갈 거예요.”

“먼 길 떠나는 사람에게 그게 무슨 상스러운 소리여. 이 어린것을 생각해서라도 내가 어찌 그럴 수 있겠는가.”

“정말이죠. 나를 버리지 않는 거지요.”

"몇번이나 같은 소리를 해야 알아 들을 거여. 나에게는 임자밖에 없어."

순이는 말없이 벌거벗은 남편의 품으로 파고 들었다. 두 사람의 뜨거운 숨결만이 들리는 방안에는 타다 남은 호롱불이 깜박일 뿐, 순이는 이 밤이 영 밝지 않기를 바랄 따름이었다. 동구 밖에서 개짖는 소리가 들리고 닭 우는 소리가 들리는 것을 보면 새벽이 가까운 모양이었다.

〈세월은 흘러서〉

돈을 벌어 가지고 꼭 고향으로 돌아오겠다던 남편 덕이가 서울로 떠난 지도 어느덧 10년이 넘었다. 그렇게도 철석같이 약속하고 헤어진 사이이건만 그동안 남편에게서는 아무런 소식이 없었다.

그래도 순이는 남편이 꼭 돌아올 것으로만 믿고, 저녁 해가 서산에 질 무렵이면 꼭 한번씩 동구 밖에 나가서 서울 쪽을 지켜보는 것을 하루도 게을리 하지 않았다.

한편 서울에서의 덕이는 어떻게 되었을까? 그는 고생한 보람이 있어서 종로 한복판에 버젓하게 가게를 갖게 되었고, 어느 몰락한 양반의 뒤를 보아 준 것이 인연이 되어 그집 외동딸의 남편이 되었다.

"저와 같이 미천한 것이 어찌 댁의 사위가 될 수 있겠습니까. 더구나 저는 총각도 아니고 시골에는……"

"다 듣기 싫네. 자네가 고향을 떠난 지 10년이나 되었다는데 그동안 소식이 없는 것을 보면 죽었거나 다른 사내를 얻어 갔겠지. 아무 소리 말고 우리 집 아들이 되어 주게."

이런 장모님과는 반대로 장인은 이 사위가 과히 마음에 들지가 않았다. 덕이는 꿈에도 생각지 않았던 양반집 외동딸에게 새 장가를 들게 된 것이었다.

덕이가 새 장가를 들던 날, 순이는 오랫만에 남편을 꿈에서 보았다. 서울 물을 먹어서 미끈하게 변한 남편이 어느 양반댁 사위로 새장가를 가는 꿈이었다. 새벽에 꿈에서 깨어나니 온 몸에 식은 땀이 흘러 있었다. 마음은 걷잡을 수 없이 뛰고 불안하기만 했다.

순이는 아침부터 동구 밖에 나가 서울 쪽 하늘만 지켜 보면서 한숨만 몰아 쉬었다. 남편이 떠나던 다음 해 여름, 이질 때문에 아들을 잃은 뒤 순이에게는 아무도 없었다. 일주일 동안 꼬박 굶은채 동구 밖에 서서 보낸 순이는 결국 실성을 했고, 급기야는 선채로 숨이 넘어가고 말았다.

〈인과(因果)의 법은 무섭다〉

순이가 죽던 날 밤, 덕이도 이상한 꿈을 꾸었다. 시골에 남겨둔 순이가 자기를 찾아온 꿈이었다.

"인제 나는 임자 곁을 떠나지 않을 거예요."

그뒤, 덕이는 밤마다 같은 꿈을 꾸었고, 몇달이 지나자 대낮에도 눈 앞에서 순이의 모습이 어른거렸다.

결국 덕이도 요즘 말하는 노이로제 환자가 되고 만 것이었다.

"댁의 아드님은 태어나기 전부터 전생에 버린 아내의 영혼이 빙의되어 있었던 것입니다. 그러다가 사춘기가 되어 심신(心身)이 갑자기 자라면서 발병된 것이죠."

"그러니까 저도 죄가 있군요."

"물론이죠. 아내 있는 젊은이를 강제로 헤어지게 해서 사위를 삼았으니까요. 그래서 이승서 모자(母子)가 된 것입니다."

"남편이 아들을 싫어하는 것도 전생에 원인이 있을까요."

"그야 뭐 분명한 일이죠. 전생에서는 장인이었고, 부인이 옳지 않은 처사를 하는 것을 막지 못했으니 책임을 면하기 어려운 거죠."

"그럼 어떻게 하면 좋죠"

"제가 쓴《심령치료》라는 책이 있으니 그것을 보시고 이해가 되시거든 '옴'진동수를 6개월 마시게 한 뒤 데려 오세요. 그때 가서 체질개선 시술을 하고 '제령'을 해보도록 합시다."

"알았습니다."

하고 부인은 돌아갔으나 그뒤 아무런 소식이 없었다.

내가 들려 준 이야기가 아무래도 허무맹랑하게 생각된 모양이다.

아직도 더 많은 고통을 받을 운명일 경우에는 언제나 나의 말이 허망한 이야기로 들리게 마련이다.

한 여자를 아내로서 사랑한다는 것은 결코 쉬운 일이 아니지만, 여자의 가슴에 못을 박는다는 것이 얼마나 두고두고 고통을 가져 오는가 하는 하나의 좋은 본보기라고 생각한다.

아내에게서 남편을 원망하고 저주하는 소리가 나올 때 그 남편은 결코 행복해질 수도 없고 또 성공하기도 힘든다는 사실을 세상 사람들은 너무나도 모르고 있는게 아닌가 라고 생각한다.

7. 전생(前生)을 확인한다

바로 한달 전에 일어난 일들도 정확하게 기억하기가 어려운데 전생(前生)에 있었던 일을 기억해 낸다고 하면 아마 사람들은 웃긴다고 할 것이다. 그런데, 정말 우연이라고 하기에는 너무나 이상한 인연때문에 나는 얼마 전 내 자신과 관련된 하나의 전생(前生)을 확인한 바 있다.

그 사연인즉 다음과 같다.

제천에서 한의(漢醫)를 하고 계신 박인식씨(가명임)라는 분이 인연이 있어 몇해 전, 나를 찾아온 일이 있었다.

이 분은 옴진동수를 복용해서 술, 담배도 끊게 되었을 뿐더러 간경화(肝硬化) 증세도 말끔이 가셔져 고맙다는 인사를 하러 찾아온 일도 있고, 또 나에게서 받아 간 '옴 진동' 테이프로 환자들을 직접 시술해서 여러 번에 걸쳐 기적과 같은 일을 경험하셨다고 했다. (주:현재 나에게는 이 박인식씨가 녹음한 증언 테이프가 보관되어 있다.)

그런데 얼마 전에 이 분이 나를 찾아와서 이런 이야기를 했다.

"안원장께서 전생이 강증산 선생인 것같다는 이야기를 쓰셨는데 그 판단이 사실인지 아닌지 한번 확인해 보시지 않겠습니까?"

"무슨 말씀이시죠."

"사실은 제가 살고 있는 곳에 96세가 되신 노인 한 분이 계신데 이 분이 젊었을 때 증산 선생을 직접 뵈었다고 합니다. 그리고 아주 열렬한 증산교 신자이기도 하구요. 언젠가 안원장님 이야기를 했더니 꼭 한번 뵈었으면 하더군요."

나로서도 미상불 가슴 설래는 이야기가 아닐 수 없었다.

나는 박인식씨와 시간 약속을 하고 다음주 일요일 제천으로 그 노인을 만나러 가기로 했다. 후일의 증인으로서 김동신(金東信)씨와 손경식(孫敬植)씨와 함께 가기로 했다.

제천까지 가는 도중 우리는 고속 버스 안에서 덕담(德談)의 꽃을 피웠다. 그래서 그곳까지 가는 몇시간의 여정이 하나도 지루하지 않아서 좋았다.

제천에 도착한 순간이었다.

나는 번개같이 떠오른 생각이 있었다.

"박선생께서 그 노인을 만나시거든 간밤에 이상한 꿈을 꾸지 않았나 물어보십시오. 제가 증산 선생의 재생(再生)이거나 깊이 관련이 있으면 반드시 우리가 오는 것을 그 노인에게 꿈으로 예고하였을테니까요?"

하고 나는 박인식씨에게 당부하는 것을 잊지 않았다.

박인식씨의 한의원 대합실에서 얼마를 기다리고 있노라니까 한참만에 노인이 나타났다.

사방을 살피더니 똑바로 내 앞으로 걸어 와서 덥썩 손을 잡았다.

"증산 선생께서 드디어 와 주셨군요."

하고 노인은 사뭇 울먹이는 목소리였다.

"박선생께서도 조금 전에 물으셨지만, 간밤에는 참 이상한 꿈을 꾸었습니다. 수십년 전에 돌아가신 선친께서 꿈에 나타나셔서 서울에서 반가운 손님 세분이 너를 찾아오셨으니 잘 대접을 하라고 성화를 하시는 것이었어요. 그러나 꿈 속에서도 생각하기를 서울에 아는 이는 아무도 없는데 누가 온 것일까 하고 이리저리 당황하다 깨고 보니 꿈이었어요."

하고 노인은 내가 조금 전에 짐작한 그대로의 사실을 이야기하는 것이었다.

"노인께서 증산 선생(甑山先生)을 만나신 것은 60년도 더 옛날 이야기인데, 그분을 지금도 기억하고 계신가요?"

하고 김동신씨가 질문했다.

"네, 기억합니다. 하도 오래 전 일이기는 하지만 머리 속에 그 분의 모습이 분명히 새겨져 있습니다. 그런데 지금 안원장을 뵈오니 안경만 벗고 상투만 트신다면 틀림없는 증산선생님 그대로이십니다."

하고 노인은 나의 얼굴을 뚫어지게 보는게 아닌가!

"그럼 제가 노인에게 질문 한가지를 여쭙겠습니다. 제가 하는 말이 사실이면 사실이라고 하고, 아니면 아니라고 하십시오."

"그러죠."

하고 노인은 고개를 끄덕였다.

강증산(姜甑山)이 신인(神人)이라는 소문을 듣고 그를 찾아 온 사람들은 여러 사람이 있었다.

좁은 안마당에 깔아놓은 돗자리에 앉아서 기다리면서 원정(元楨)은 생각했다.

얼마 전 부터 머리 속에서 떠나지 않는 의문 즉,'사람이 죽은 뒤에 정말 다시 태어나는가?'하는 의문을 풀어 줄 수 있는 분은 증산 선생 밖에 없다고 원정은 생각했다.

대부분의 사람들은 사람들이 거듭 태어난다는 사실을 하

나도 의심하지 않고 그대로 받아들이고 있는게 원정은 아무래도 납득이 되지 않았다.

따뜻한 햇살을 등에 받으면서 앉아 있던 원정은 어느덧 잠이 들었던 모양이었다.

누군가가 곁에 와서 서는 것과 같은 기척에 원정은 번쩍 정신이 들었다. 놀라 눈을 떠보니 증산 선생이 곁에 선채 인자한 표정으로 자기를 지켜보고 계신게 아닌가.

"모두 간줄 알고 나와보니 젊은이만 혼자서 졸구 있구먼 그래. 그래 나한테 무슨 긴한 볼 일이 있어서 왔는가?"

"네, 선생님께서 들으시면 어리석은 질문이라고 하실지 모르겠습니다만, 저는 이 의문을 풀지 않고는 살수가 없을 것 같아서 멀리 남원(南原)에서 여기까지 찾아왔습니다."

하고 원정은 넙죽이 엎드려서 큰 절을 올렸다.

"그래서 알고 싶은 것은…"

"사람이 죽으면 누구나 명부(冥府)를 거쳐서 다시 환생한다고 하는데 그게 사실입니까?"

"허…이상한 젊은이로군. 남들이 믿어 의심치 않는 우주의 진리를 자네는 어째서 의심하는가?"

"하지만 확실한 증거를 보기 전에는 아무래도 믿을 수가 없습니다. 이 의문을 풀지 못하면 저는 실성해서 죽을 것 같습니다."

증산 선생은 턱에다 왼손을 대고 먼 하늘을 쳐다보셨다.

멀리 바라다보이는 산등성이 위에는 흰 구름이 뭉개뭉개 피어 오르고 있었다. 원정을 돌아다 본 증산 선생의 눈에는 마치 어린이와 같은 장난끼가 서려 있었다.

"자네 내가 저승으로 갔다가 다시 돌아와서 자네를 만나러 온다면 인간이 환생한다는 사실을 믿을 수 있겠나?"

"그야 그렇게만 해주신다면 믿고 여부가 있겠습니까? 하지만 구천상제(九天上帝)께서 현신하신 증산 선생께서 이승에서 영생(永生)을 누리실 텐데…"

"그건 자네가 모르는 소리야…나는 지금 선후천(先後天) 도수(度數)를 바꾸어 놓는 천지공사(天地公事)가 끝나면 잠시 이 세상에서 자취를 감추게 되어 있다네. 다음에 내가 다시 세상에 모습을 드러 낼 때는 지금과는 다른 몸을 갖고 올 것일세. 얼굴 모습이야 같겠지만 그때는 성씨(姓氏)도 강씨(姜氏)가 아니지. 선천(先天)과 후천(後天)이 정말로 바뀔 때 나는 일을 마무리 짓기 위해서 다시 와야 하는데 그때 와서 자네를 만나 보아서 분명히 나라는 것을 확인시킨다면 믿을 수가 있겠지."

"하지만 그때까지 제가 살 수 있을까요?"

"암 살 수가 있지…만일 수명이 그때까지 살 수 없다면 명부의 장부를 고쳐 놓으면 될테니까, 하옇든 그때 만나기로 하세. 오늘은 자네를 믿게 할 수가 없는게 안타깝네그려."

"하지만 그걸 어떻게…"

"걱정할 것 없네. 세상의 많은 사람들은 자기의 수명을 다 살자 못하고 죽으니까 그중에서 조금 빌려오면 될테니까? 아뭏든 그때 가서 다시 만나세그려."

하고 증산 선생은 어서 가라고 손짓해 보이시는 것이었다.

(증산 선생이 화천(化天)하셨다가 다시 오셔서 만나 주신다고 하셨으니 나는 몇살까지 살아야 하는 것일까!)

그는 앞으로 남은 세월이 그저 아득하게만 느껴지는 것이었다.

"그때 두분만이 주고 받은 이야기를 제가 알고 있으니… 저는 누구죠?"

"그야 증산 선생님이 분명하시죠. 이름없는 한 젊은이와 주고 받은 약속을 잊지 않으시고 이렇게 먼 시골까지 찾아와 주셔서 정말 고맙습니다. 이제 저는 수십년 묵은 의문이 풀렸으니 마음 놓고 눈을 감을 수가 있겠습니다."

하고 노인은 깍듯이 존대말을 쓰면서 감격의 눈물을 흘렸다.

나는 서울에서 갖고 온 녹음기와 한대의 옴 진동이 들어 있는 카세트 테이프를 원정 노인에게 드렸다.

"'옴'진동수를 열심히 마시면 다시 5년이고 10년이고 젊어지실 수 있습니다. 여지껏 사셨으니 후천세계(後天世界)의 문이 열리는 것을 보시고 가셔야죠."

하고 나는 이야기 했다.

옆에서 지켜보는 손경식씨와 김동신씨도 감개 무량한 표정이었다. 이리하여 나는 자기 자신이 태어나기 이전의 다른 생애의 기억을 다시 되찾았고 사람에게 전생(前生)이 있음을 재확인한 셈이었다.

8. 빙의(憑依) 되는 이유

이 글을 쓰기 시작할 때, 나는 인간의 본질은 에너지 생명체인 영혼과 탄소형(炭素型) 생명체인 육체가 서로 의지하고 있는 복합생명체라고 밝힌바 있다. 육체가 단독으로 존재하는 것은 이른바 식물인간이고, 마음이 빠져나간 상태에서는 인간으로서의 거의 모든 기능은 상실된다.

식물인간은 생존하고 있는 것일 뿐, 살아 있는 인간이라고는 할 수 없기 때문이다.

반대로, 에너지 생명체인 영혼은 단독으로 존재할 수 있지만 물질세계의 보통인간 눈에는 보이지 않기 때문에 존재하지 않는 것처럼 보일 뿐이다.

생명체란 다음 세가지 조건을 갖추어야 한다.

첫째는 에너지 대사작용이 있어야 하고, 둘째는 성장이 되어야 하며, 세째는 자기와 같은 개체를 재생산(再生產)할 수 있어야 한다.

식물인간도, 또 영혼인 에너지 생명체[강력한 염력(念力)에 의해 생령(生靈)을 만듬]도 이 세가지 요건을 모두 갖추고 있으므로 생명체라고 할 수 있지만, 이 두가지가 결합하여 상호 보완작용을 할때 우리는 비로소 완전히 살아있는 인간이라고 할 수 있는 것이다.

유체(幽體)가 덜 발달된 에너지 생명체인 망령(亡靈)은 살아 있을 때, 생명 에너지의 대사작용을 육체에 의존했었고 또 육체없이 단독으로는 에너지 대사작용을 할 수가 없기 때문에 죽은 사람의 영혼은 기회만 있으면 살아 있는 사람의 육체에 기생하려고 한다.

(주:보호령은 유체가 발달되어 육체에 의존하지 않고 직접 우주력(宇宙力)에 의존해 생명 에너지 대사작용을 하는 것으로 알고 있다. 그렇기 때문에 무슨 신(神)이라 큰 소리를 쳐도 빙의령은 미숙한 망령임을 알아야 한다.)

죽은 사람의 영혼이 산 사람의 몸에 기생하는 현상을 심령과학에서는 빙의(憑依)라고 부른다.

내가 여러 해에 걸쳐서 약 6만명의 피시술자와의 심령 임상시험을 통해 확인한 바에 의하면, 대부분의 사람은 죽은 즉시 그 영혼이 유계(幽界)로 가는 것이 아니며, 이른바 저승 사자가 데리러 오는 것은 49일제(祭)를 지낼 때라는 사실을 알게 되었다.

물론 그 중에는 예외가 전혀 없는 것도 아니다.

평소에 착실한 신앙심을 갖고 있었고, 죽은 뒤에 가는 세계가 있음을 분명히 인식하고 살았던 사람들은 죽자마자 저승사자 내지는 보호령 또는 보호 신장(보호 천사라고도 부른다.)이 나타나 데려가지만, 보통 사람들은 거의 예외없이 48일 동안 그냥 방치된 상태로 있게 된다.

죽을 때의 충격과 공포심때문에 기절해 버린 저급령(低級靈)인 경우는 의식불명인 상태에서 49일을 맞게 되어 저승으로 데려가지만 이승이나 또는 육친에 대해 지나친 애착을 가졌던 이들은 가까운 집안 식구들의 몸안에 빨려 들어가 자기도 모르는 사이에 빙의령이 되고 만다.

이런 경우, 죽은 사람은 자기가 죽었다는 사실을 모르고 계속 앓고 있다고 생각하게 된다.

다음은 죽은 뒤에 의식을 되찾고, 자기의 자유의사(自由意思)로 살아 있는 사람에게 빙의되는 경우를 들수 있는데, 이런 경우도 대략 두 가지로 나눌 수 있다.

하나는 산 사람에게 의지해서 들어오는 경우이고, 또 하나는 해칠 의사를 갖고 빙의되는 경우이다.

가령 아버지가 죽어서 아들에게 의지해서 빙의된 경우, 아버지의 영혼은 자기가 아들을 지켜 주는 수호령이 된 것으로 착각하게 마련이다.

돌아가신 어버지의 꿈을 꾸고 나면 반드시 좋지 않은 일이 있는 경우, 또 그와 반대되는 경우도 이런 경우라고 할 수 있다.

빙의령은 유체(幽體)가 미숙하여 덜 발달되어 있기 때문에 육체의 도움없이는 에너지 대사작용을 할 수 없는 영혼이고, 아직도 인간으로 여러 번 재생될 필요가 있는 어린 영혼이다.

한편, 보호령은 육체인간(肉體人間)으로서의 모든 과정을 끝내고 다시는 인간으로 태어날 필요가 없게 된 가장 낮은 계급에 속하는 신격(神格)을 부여받은 영혼으로서, 에너지 생명체인 영혼(곧, 유체)이 완전히 발달되어서 육체의 도움 없이도 직접 우주 에너지를 흡수할 수 있는 단계에 이른 생명체이다.

보호령은 영계(靈界) 또는 신명계(神明界)의 고위층으로부터 아직 육체단계에 머물러 있는 어린 생명체인 인간들을 보호 지도하도록 직권과 권능을 부여받은 영혼이다. 이들은 보호령 또는 보호신장(保護神將), 보호천사(保護天使)라고 불리워진다.

사람마다 이런 보호령이 적어도 3분 이상 딸려 있다고 보면 무방하다.

한편, 신명계(神明界)에는 악령들의 세계도 있는데, 극악한 악인인 경우에는 살아 생전에 온갖 못된 짓을 한 악령이 악인들의 보호령 구실을 맡고 있다.

우리가 착한 마음을 가지고 '이웃을 사랑하는' 정신 속에서 살면 착한 보호령이 지켜 주지만, 우리가 탐욕스럽게 살면 악령이 빙의되어 잠시 성공은 거둘지 모르지만 결국 패망의 길을 걷게 된다는 것을 알아야 한다.

이 우주는 태양계(太陽系)와 같은 별들이 약 1천억개가 모여 하나의 은하계(銀河系)를 이루고 있고, 그런 은하계가 다시 1천억개가 모여서 대우주를 형성하고 있다고 한다.

이 대우주를 창조한 지성체(知性體), 또는 우주의식을 나는 무극신(無極神)이라고 생각한다.

그리고, 각 은하계 책임자가 1급신(一級神)이고, 태양계 책임자가 2급신(二級神), 지구 책임자가 3급신(三級神), 나라 책임자가 4급신(四級神)이며, 지방 책임자인 토지신(土地神)이 5급신(五級神)이고, 그 다음에는 각자의 보호령이 있다고 생각하면 무방하다.

영시능력자(靈視能力者)가 볼 수 있는 것은 2급신 까지이며, 1급신 이상은 육체를 가진 인간으로서는 감히 영시할 수 없는 그런 분들이다.

대부분 요즘 사람들은, 생전에 형식상 어떤 종교를 믿거나 본질적으로는 무신론자(無神論者)들이고, 이승에 대해서 지나치게 집착을 갖고 살아가는 것이 사실이다.

다시 말해서 인간의 본질이 무엇인지, 죽은 뒤에 가는 세계가 있는지 없는지에 대해서 너무나도 모르고 있는 것이 오늘의 현실이고, 그저 하루라도 더 살고 싶은 욕망 속에서 허둥대다가 죽은 뒤에, 그 영혼이 살아있는 사람의 몸에 빙의되는 것은 흔히 있을 수 있는 것이다.

죽은 사람의 혼, 또는 동물의 혼(魂)이 침범하면 생명력이 소실되고, 죽은 영혼의 에너지 대사작용때 발생하는 유독(有毒) 가스때문에 혈액이 극도로 산성화(酸性化) 된다.

대부분 빙의된 영혼은 생전에 앓던 중병을 앓게 되는데 시간이 흐름에 따라서 성격과 얼굴 모습도 바뀌게 된다.

자식에게 빙의된 부모의 영도 자기네 때문에 자식이 병든 것을 모르고, 더 많은 망령들을 불러 들이는 경우가 많은데 이것을 나는 수없이 경험한 바 있다.

전생(前生)에서의 많은 죄때문에 태아(胎兒)때에 집단적으로 빙의되면 이른바 선천성 뇌성마비나 그밖의 불구자가 되기 쉽다.

심한 '노이로제', 정신분열증, 백혈병, 각종 암 환자, 당뇨병, 고혈압, 류머티스 관절염 등 대부분의 난치병이나 불치병들은 빙의령때문에 생긴 것으로 생각하면 틀림없다.

빙의된 영혼들을 정확히 영사(靈査)한 후, 제령(除靈)하면 치유가 가능한 것이다.

빙의(憑依)된 사람들의 특징

① 빙의된 사람들은 예외없이 두 눈이 충혈되어 있고 눈동자에 힘이 없다. 또한 영사(靈査)할 수 있는 능력자 앞에 나오면 시선을 피하고 얼굴을 바로 들지 못한다. 또한 태양이

싫고 대낮에는 눈을 크게 뜨지 못하며, 저녁이나 밤에는 기운이 난다.

② 두 어깨가 항상 무겁고, 손발이 유난히 차면서도 이상하게 붉은 빛을 띄고 있는 경우가 많다.

③ 병원에서 종합진단을 받아보면 아무런 이상을 발견할 수 없는데 본인은 고통스러워 한다.

④ 질병의 상태가 악화되지도 않고 좋아지지도 않으며, 어떤 약을 투여하면 처음에는 호전되는 듯하다가 나중에는 효과가 없어진다.

⑤ 아픈 곳이 자주 이동한다. 또한 낮에는 멀쩡하다가도 밤중에서 새벽 사이에 주로 아프다.

⑥꿈자리가 뒤숭숭하고 죽은 사람들이 반복적으로 꿈에 자주 나타난다. 옆에서 보면 코를 골면서 잤는 데도, 본인은 조금도 자지 못했다고 불평한다.

⑦ 6개월 이상 아프면서도 더 나빠지지 않는 고질병, 본인은 물론이고 가족들에게도 만성적으로 고통을 주는 질병은 대체로 죽은 이의 영혼이 빙의되었다고 보아야 된다.

⑧ 장례식에 갔다 온 뒤(또는 초상집에서 밤샘하고 온뒤) 돌연히 앓아 눕게 되는 경우도 이에 해당한다.

⑨ 식사를 지나치게 많이 한 뒤에 곧 배가 고파지는데 당뇨병이 아닌 경우는 빙의령때문에 일어나는 현상이다. 반대로 전혀 먹지 않아도 용하게 살아 있는 경우 또는 술만 마시고 사는 경우도 여기에 해당된다.

9. 빙의령(憑依靈)과 당뇨병 환자 이야기

육체에서 떠난 영혼이 이 세상에 대한 여러가지 미련을 버리지 못해 생존자의 몸에 들어오는 것이 빙의현상(憑依現象)이다.

영혼도 일종의 에너지 생명체이기 때문에 육체를 통해 흡수된 여러가지 음식물의 분해해서 획득된 에너지 대사작용에서 유독(有毒)한 가스를 방출하는 것이다. 그런데 사람의 육체란 하나의 영혼만이 거주하게 되어 있을 뿐, 여러 영혼이 함께는 살 수 없는 구조인 것이다

따라서 영혼이 빙의되면 반드시 질병이 생기게 마련이다.

성(性)에 대한 쾌락을 잊지 못하는 영혼이 빙의되면 그 사람은 비정상적인 정력가가 된다.

당뇨병이 발생하기 전, 이상하리 만큼 성생활이 활발했던 사람들이 어느 날 아침 갑자기 정력이 없어진다. 이것은 이런 생활을 끝없이 계속하면 몸이 더 이상 지탱할 수 없게 되었을 때 몸의 퓨즈가 펑하고 나간 경우라고 할 수 있다.

일반적으로 당뇨병의 완치가 어려운 것이다. 그러나 당뇨병 환자들도 체질개선의 시술과 심령치료에 의해 완쾌된 예는 많다.

그동안의 나의 경험에 의하면 당뇨병이 발생하는 것은 세

가지 원인이라고 생각한다.

첫째로 당뇨병을 앓게 되는 사람들은 대부분 정신적으로 인색한 사람들, 타인의 호의를 순수하게 받아들이지 못하는 사람들, 이를테면 믿어야 할 가족들을 믿지 않고 그들의 애정을 마땅히 받아들여야 하는 데도 그것을 완강히 거부할 때, 몸에서 꼭 필요한 당분을 받아들이는 것을 거부하는 증세가 생겨 당뇨병이 생기는 경우가 많다.

정신적으로 몹시 인색하던 사람이 당뇨병 발병과 더불어 심경에 큰 변화가 나타나고, 성품이 너그러워진 것만으로 병이 좋아진 예도 많았으니까 말이다.

다음은, 음식이나 술, 성(性)에 대해 지나치게 집착하여 쾌락을 추구하는 경향을 가진 사람들이 췌장을 지나치게 혹사해서 퓨즈가 나간 경우를 들 수 있다.

당뇨병은 대체로 욕망이 강한 사람들, 쾌락주의자들에게 많은 병이기 때문에 속칭 부자병이라는 말까지 있을 정도인데 원인은 어디에 있든 췌장을 혹사해서 생기는 병인 것만은 분명하고 영혼이 빙의되면 생명 에너지가 부족해지고, 유독가스의 발생이 커지기 때문에 이같은 증상이 일어나는 것이다. 그런 예를 한두가지 소개해 볼까 한다.

영혼의 여인숙이 된 사나이

지난 78년 3월 28일 아침이었다.

아침 일찍 전화가 걸려 왔다. 전화를 받아 보니 나로부터 심령치료 시술과 체질 개선법을 지도 받아 중증(重症)인 당뇨병에서 완쾌된 용산에 사는 이호재라는 분에게서 걸려 온 것이었다.

"안선생님이십니까? 제가 이번 목포의 연무정에서 열린 전국궁술인대회(弓術人大會)에서 일등을 했습니다. 활을 쏘기 시작한 지 37년만에 처음으로 일등을 했습니다. 옛날 같으면 무관(武官)으로 뽑히는 경사올시다."

하고 숨이 턱에 닿아서 감격어린 어조로 이야기했다.

아시는 분은 아시겠지만, 활쏘기란 정신과 육체가 다같이 좋은 조건을 갖추지 않으면 백발백중 명중이란 있을 수 없는 일이다.

"모두가 안원장님 덕분입니다. 이제 저는 두번째 인생을 살고 있습니다."

곁에 있으면 부둥켜 안고 눈물이라도 흘릴 것 같은 감격어린 어조였다.

이분은 장충동에 있는 석호정(石虎亭) 활터의 전 총무(前總務)인데 전에 사냥을 많이 한 경력을 가진 분이었다.

처음에 찾아 왔을 때는 굉장히 중증의 당뇨병이어서 활도 제대로 쏘지 못하게 된 상태였다.

'옴'진동수를 최소한도 한달은 마시고 오라고 '옴'진동수를 만들 수 있는 녹음 테이프를 주어서 돌려 보냈다.

그런데 '옴'진동수를 복용한 지 보름째 되어서 이호재씨가 다시 나를 찾아 왔다.

'옴'진동수를 마시기 시작하자 난데없이 허리에 무서운 통증이 와서 도저히 견딜 수가 없어서 찾아왔노라고 했다.

직접 체질개선의 시술을 베풀어 달라는 것이었다.

"췌장으로 들어가는 신경(神經)에 부분적으로 마비가 되었던게 풀리느라 일어난 현상입니다. 마취하고 수술한 뒤에 마취가 깰 때 일어나는 현상과 비슷합니다. 제대로 반응이 일어난 것이니까 좋은 현상입니다. 최소한도 한달을 채우고 다시 오세요"

하고 나는 그를 그냥 돌려 보냈다. 돌아갈 때 표정을 보니 나를 몹시 원망하는 인상이었다.

한달의 기간이 지나자, 그가 다시 나를 찾아 왔다.

"그래 진동수를 마셔서 반응이 어떻든가요?"

하는 나의 질문에 그는 고개를 설래 설래 저었다.

"진동수를 마신지 일주일쯤 지나니까 허리가 못견디게 아팠습니다. 열흘 가량 그런 증상이 계속되어서 안되겠다고 중단을 하려다가 반응이 나타나는 것을 보면 희망이 있지 않겠느냐는 생각이 들었습니다. 선생님이 시술을 안 해 주실 때 몹시 원망스러웠고 다시는 찾아오지 않겠다는 생각도 들었습니다만, 안해주시는 데는 그럴 만한 이유가 있기 때문이겠지 하고 참고 마음을 돌렸었죠. 이제는 허리 아픈 것도 어느 정도 가라 앉았습니다."

"저를 원망하신 심정은 충분히 이해합니다만, 저는 수천명의 체질개선을 경험한 데에서 얻은 지식을 바탕으로 해야지 눈 앞의 얄팍한 인정에 좌우될 수 없다는 것을 이해해 주시기 바랍니다. 인정에 사로잡혀서 원칙을 어겼을 때는 언제든지 그 결과가 좋지 않았습니다. 그리고 또 한가지 저는 병을 고쳐 주는 의사가 아닙니다. 병을 치료해 드리는게 아닙니다. 각종 공해물질로 오염된 체액(體液)을 바로 잡아 주고 체질을 개선시켜 줌으로써 스스로 병이 없어지는 것입니다. 사람에게는 누구나 타고난 놀라운 자연 치유력이 있습니다. 그 자연치유력이 어떤 사정 때문에 제대로 작용 못하던 것을 바로 잡아주는 것이라고나 할까요. 잘못된 신경회로(神經回路)를 바로 잡아주고 호르몬 분비를 정상화 시켜 주는 것이죠. 하여튼 실망하지 않고 다시 찾아와 주셔서 고맙군요."

하고 나는 웃었다.

"뭘요. 제 병 고치고 싶은 욕망때문이죠"

"아하, 병을 고치는게 아니라 체질개선입니다."

하고 나는 다시 한번 강조하는 것을 잊지 않았다.

그는 3일동안 시술을 받았고, 나흘째는 '제령'했는데, 제령시키는 순간, 그의 두 눈에서는 눈물이 주르르 흘러내렸다.

"이상한 일이군요. 30여년 전에 죽은 여동생의 모습이 갑자기 눈 앞에 선명하게 떠오르면서 와락 슬픈 생각이 드는군요."

"그 누이동생의 영혼이 빙의되어 있다가 떠난 것입니다."

그 밖에도 그가 죽인 많은 동물들의 영혼도 함께 이탈했음은 물론이다.

'제령'을 한 다음에, 꼭 한번 시술을 했을 뿐인데, 그는 고질이었던 당뇨병에서 완전히 해방되었고 소변은 물론이고 혈당검사도 완전히 정상이었다고 한다.

자살한 처녀가 빙의되다

이 분은 시내 번화가에서 금은방을 하고 계신 분인데 합병증으로 결핵을 앓고 있는 비교적 중증인 당뇨병 환자였다. 내가 저술한 《악령을 쫓는 비법》을 읽고 찾아 왔노라고 했다.

영사(靈査)를 해 보니 처녀로서 자살한 영혼이 빙의되어 있음이 확인되었다.

"혹시 주위에 한 10년 전 쯤, 자살한 사람이 없었나요? 생전에 선생하고는 잘 아는 사이였고, 어느 면에서 선생을 많이 의지했던 처녀 같은데요."

그는 잠시 생각에 잠겨 있더니,

"네, 있습니다. 제가 전세 들어 있던 빌딩의 주인 딸이 처녀로서 사업을 하다가 실패한 것을 비관하고 자실한 일이 있습니다. 생전에는 저를 큰 오빠처럼 따랐었죠. 장례식 때도 제가 나서서 전부 일을 보아 주었었죠. 저는 그 애를 도와주었는데 어째서 저에게 빙의가 되었을까요?"

"도와 주었기에 의지해서 들어온게 분명합니다. 자살을 하면 모든 것을 모르게 되는 줄 알았는데, 실제로 죽어보니 그렇지가 않았고 그래 당황한 나머지 선생에게 빙의된게 분명합니다. 자살한 영혼은 저승 사자가 데리러 오지 않기 때문에, 지박령이 되거나 누구에게 빙의되게 마련입니다."

"그러고 보니 요즘도 그 처녀의 꿈을 자주 꿉니다."

하고 그는 나의 이야기를 비교적 쉽게 받아들였다.

불과 며칠이 지나지 않아서 그는 완쾌한 몸이 되었다.

영혼이 빙의되어 생긴 당뇨병이 영혼 이탈과 함께 완쾌될 수 있음을 보여 준 좋은 예라고 생각한다.

어느 분의 이야기를 들으니 우리나라에는 당뇨병 환자가 1백만명 가량 있다고 했다.

사람을 덮어 놓고 의심하지 말고 받아들여야 될 사람들은 진정으로 받아들이고, 개방적인 정신을 갖고 살면 당뇨병에 안걸릴 수도 있고, 걸렸다고 해도 쉽게 치유될 수 있지만 한편으로는 영혼의 빙의때문에 생긴 경우 제령이 불가피하게 되는 것이다.

아내와 자녀(子女), 친구들의 애정을 의심하고 받아들이지 않을 때 몸에서 필요로 하는 당분을 거부하는 현상이 일어남을 볼때, 마음과 몸은 깊은 상관관계가 있음을 다시 한번 깨닫게 되는 것이다.

10. 도벽(盜癖) 이야기

경제적으로 윤택한 집안에서 자란 자녀가 도벽때문에 문제가 되는 경우가 가끔 있음을 본다.

아무리 타일러도 그 버릇을 못고칠 때는 결국 일생을 그릇치게 마련이다. 그래서 도벽을 정신병의 일종으로 취급하는 병리학자도 있는 것이다.

나의 경험에 따르면, 대부분의 도벽은 사무친 원한을 가진 영혼 또는 생령(生靈)이 빙의되어 그러한 잘못을 계속하도록 하여 그 사람의 일생을 그르치게 하려는 분명한 의도에서 발생된다고 생각한다.

현대인들은 대체로 무신론자(無神論者)가 많고, 사람의 영혼은 실존하는 실체이며, 좋든 싫든 살고 있는 사람들에게 큰 영향을 끼치고 있다는 사실을 모르고 있는 분들이 너무나 많은 것이다.

여기에 대한 정확한 지식만 있다면 얼마든지 고칠수도 있는데 이 악습(惡習)을 교정하지 못해 일생을 망치는 것을 볼 때 매우 안타까운 것이다.

대부분의 사람들은 영혼의 빙의현상을 모르고 있기 때문에 이에 대해 무방비 상태에 놓여 있는 것이다. '유비무환(有備無患)'이 이 경우에도 해당된다고 하겠다.

이번에는 내가 경험한 바 있는, 빙의령에 의해 생긴 도벽이 고쳐진 몇가지 실예를 소개할까 한다.

무서운 인과응보(因果應報)

지금으로 부터 여러 해 전 일이었다.

하루는 지방에서 두 손님이 나를 찾아온 일이 있었다.

"선생님께서는 본인이 없어도 사진만 보시고도 영사를 하신다고 들었는데요."

인사가 끝나자, 한 손님이 던진 질문이었다.

"네, 그렇습니다만!"

"그러시다면 이 사진을 보시고 영사를 해 주시면 고맙겠습니다."

하고 그는 〈남산기념〉이라는 글이 들어 있는 웬 중학생을 찍은 사진을 꺼내 보였다.

"아드님이시군요."

"네, 그렇습니다."

"성격에 결함이 있어요. 혹시 도벽이 있지 않습니까?"

"네, 맞습니다. 이 아이는 아주 악성(惡性)인 도벽을 가졌습니다. 부끄러운 말씀입니다만 지금 소년원에 수용되어 있는 처지입니다. 저의 가정은 어렵지도 않습니다. 외아들이기 때문에 제딴에는 최선을 다해 주었는데 영 고질적인 도벽을 버리지 못하고 있습니다. 혹시 빙의령이 붙어 있는게 아닐까요."

"맞습니다. 전생(前生)에서 도적으로 처형된 다섯 사람이 빙의되어 있는게 분명합니다."

"저는 얼른 믿어지지 않습니다. 그 이야기를 좀 자세히 말쑴해 주실까요?"
"그럽시다."

이조 말엽에 있었던 일이 아닌가 한다.
강화유수로 부임한 이선임은 강직하기로 이름난 사람이었고, 그에게는 장성한 아들이 하나 있었다.
이때 강화에는 유명한 도적의 가족 다섯명이 살고 있었다.
그들이 여러번에 걸쳐서 죄를 범하자, 이선임은 몹시 화를 내고 그들에게 곤장 3백대씩 때리는 벌을 내리게 했다.
말이 태형이지, 곤장 3백대는 사형 선고나 다름이 없는 엄중한 형벌이었다. 이런 모진 매를 견디어 낼 수 있는 사람은 좀처럼 없기 때문이었다. 이 이야기를 전해 들은 강화유수의 아들이 아버지에게 간언(諫言)을 올렸다.
"아버님, 하찮은 좀도둑질한 놈들에게 곤장 3백대는 사실상 사형과 같은데… 좀 벌이 지나치신 것 같습니다. 그렇게 해서 다섯명이 모두 죽는다면 일가몰살의 중벌을 받은게 되지 않습니까? 어떻게 달리 생각해 보는게 어떻겠습니까?"
이 말에 강화유수 이선임은 크게 화를 내었다.
"너, 이놈 너는 글방에서 공부나 열심히 해서 과거에 급제할 생각이나 할 일이지, 아비가 동헌에서 하는 일에 참견하는게 아니다. 그 놈들은 아주 고질적인 도벽을 가진 도적들이다. 아주 도적의 씨를 말려 놓아야지 그대로 두어서 자손이 번창하면 후에 화가 더 큰거야, 알겠느냐."
"하오나 이것은 분명히 직권 남용이십니다. 좀도적들을 사형에 처한다는 것은 아무래도 지나치신 처사 같습니다. 다시 생각해 보십시오."
"이놈 사형은 누가 사형해. 곤장 3백대의 태형을 집행하는

게야."

"엎어치나 메치거나 결과는 같지 않습니까?"

"다시 그런 소리를 해서 아비가 집행하는 공무를 방해한다면 너는 내 자식이 아니다. 알겠느냐?"

하고 강화유수는 노발대발했다.

결국, 이들 좀도적 5명 가족들은 모진 매 끝에 형장(刑場)의 이슬로 사라지고 말았다.

"이때 강화유수가 바로 도벽을 가진 댁의 아드님의 전생(前生)이고 그때의 유수의 아들이 댁이시군요."

"부자(父子)가 뒤바뀌는 수도 있습니까?"

"있습니다. 그때 유수의 아들은 심령적으로 아버지와 같은 자리에 있었기 때문에 순서가 뒤바뀐 것입니다."

"하지만 강화유수가 그때 다섯 죄인을 그처럼 혹독하게 다룬데는 그 나름대로 또 다른 이유가 있었을게 아닙니까?"

"아주 좋은 질문을 하셨습니다. 물론 이유야 있지요. 이때의 유수는 단종 시대에 처형된 사육신(死六臣) 가운데 한 사람이었고 다섯 도적들은 사육신을 모함해서 그들을 죽음의 길로 몰아 넣고 공신(功臣)이 되어 죽은 사람들의 재산을 하사 받은 사람들이 다시 태어난 것입니다. 그들은 실질적으로 도적들이었습니다. 그렇기 때문에 다음 생애에서는 타고난 도적이 되어서 인과법(因果法)에 의한 처벌을 받은 것입니다."

"그렇다면 끝이 없지 않습니까? 그런 사실들을 잊고 다시 빙의가 되었으니까요."

"이것은 분명히 악순환입니다. 사진을 놓고 가십시오. 아드님이 소년원에서 풀려 나오거든 '옴'진동수를 장기간 복용시킨 뒤에 데리고 오시면 체질개선 시술을 한 다음에, 이어

'제령'을 시켜 드리겠습니다."

"그들 빙의령들을 말입니까?"

"그렇지요. 그들이 전생에서 처형당한 것은 그 앞서 전생에서의 죄때문이었음을 잘 인식시키고, 아드님을 용서하게 하고 유계(幽界)로 보내버리면 이것으로써 모두가 구원되는 것입니다."

그는 잘 알았다고 말하고 돌아갔는데, 그뒤 1년이 지나서 소년원에서 풀려나온 아들을 데리고 왔다.

소정의 절차를 밟아서 체질개선도 시켰고 '제령'도 했다

그 결과 그는 그때까지 고질적인 악습이었던 도벽에서 완전히 해방되었다. 들리는 바에 의하면, 지금 그는 공업학교에 진학해서 열심히 공부를 하고 있다고 한다. (주: 이글을 발표한 지도 10여년이 지났으니, 지금 그는 훌륭한 사회인이 되었을 것으로 생각된다.)

내가 이 글을 쓰기 시작한 뒤, 인생의 길흉화복이 모두 전생 탓이라면 누가 노력을 하겠느냐는 항의를 들은 일이 있는데, 이번에는 전생에 원인이 있는게 아니라 이승에서 자기가 저지른 살생(殺生) 때문에 도벽을 갖게 된 어느 소년의 이야기를 소개해 볼까 한다.

어려서 농가(農家)에서 자란 어린 소년이 본의아닌 실수로 벼랑 위에 매어 놓은 소를 그 아래로 떨어져 죽게 했고, 또 수많은 뱀들을 죽인 일이 있는데 그는 커서 아주 악습인 도벽을 갖게 되었다.

소년에게 이들 동물령들이 빙의되어 있는 것을 '제령'시킨 뒤 그때부터 소년은 도벽이 없어졌고 지금은 아주 모범적인 학생이 되었다고 한다. (주: 이 역시 10여년 전 이야기다)

우리나라 속담에 '남의 정신으로 산다'는 말이 있는데, 빙

의된 삶을 두고 한 말이 아닌가 한다.

심한 알콜 중독이라든가, 병적으로 난봉을 피우는 경우, 번번이 안될 일만 골라해서 곤경에 빠지는 사업가들의 경우들도 알고 보면 빙의령때문인 케이스가 많다.

또한 빙의란 것이 죽은 사람들의 영혼만이 되는 것은 아니다. 어떤 염력(念力)이 강한 사람이 저주를 하면 생령(生靈)이 생기는데, 이것은 마치 로보트 인간과 같아서 저주한 사람의 원한이 풀려도 빙의된 생령은 충실하게 자기가 맡은 일을 하게 된다.

우리나라 속담에도 '여자의 원한은 5, 6월에 서리를 내리게 한다'는 이야기가 있다.

세상에는 골라가면서 처녀들의 정조만 유린하고 무슨 큰 좋은 일이라도 한 것처럼 자랑으로 여기는 호색한(好色漢)이 있는데, 이런 사람들은 틀림없이 자기가 버린 여인들의 저주를 받아서 다시 말하면 생령들이 빙의되어 몹시 고통을 받게 마련이다.

거듭 강조하는 것이지만, 빙의가 되지 않는 방법은 언제나 공명정대한 마음을 갖고 사는게 최선책이라고 나는 생각한다. 하나님을 믿거나, 부처나 예수를 진심으로 믿고 기도하는 사람들에게는 악령(惡靈)은 빙의되기 어렵다고 나는 생각한다.

우리가 올바른 마음을 갖고 옳게 살려고 노력할 때, 신불(神佛)의 가호가 있게 마련이고, 이런 사람들은 강력한 보호령들이 지켜주기 때문에 빙의되는 일은 거의 없다고 나는 생각한다.

결국 화(禍)와 복(福)은 모두가 자기가 할 탓인 것이다. 비록 전생에서 죄를 지었다고 해도 우리가 이승에서 항상 뉘우치는 생활을 하고 선업(善業)을 쌓으려고 노력하면 우리는 인과의 법칙을 넘어 설 수도 있음을 명심해야 한다.

그리고 인과의 법칙을 넘어서는 길은 오직 자비심과 무사공평한 인류애의 정신을 내 마음속에 간직하고 키워서 겨레의 등불이 되도록 노력하는 길 밖에 없는 것이다.

제2장
초능력의 세계

1. 초능력(超能力)의 종류와 원리

우리가 살고 있는 이 지구 위에는 50억이 넘는 많은 사람들과 1만 2천종 이상의 허다한 생물들이 살고 있다. 어떻게 생각하면 우리의 지구는 우주공간(宇宙空間)을 달리고 있는 하나의 커다란 우주선이라고도 할 수 있다. 지구 위에 살고 있는 수많은 생물들 가운데 지배적인 종족이 바로 인간이다.

한마디로 인간이라고는 하지만, 백색·황색·갈색·흑색·홍색 등 여러 인종이 살고 있고, 이 인간들은 선천적인 저능아(低能兒)에서부터 보통 사람들이 발휘하지 못하는 특수능력을 가진 초능력자에 이르기까지 각양 각색이다.

내가 알고 있는 심령과학의 지식에 의하면, 이 지구에는 외계의 다른 별에서 온 우주인들도 상당히 많은 것으로 알고 있다.

지금부터 이같은 세계의 여러 초능력자들의 이야기를 소개하려고 하거니와 이것은 인간이란 무엇인가 하는 문제를 좀더 진지하게 연구해 보려는 의도에서인 것이다.

내 생각에 의하면, 이 우주의 모든 비밀은 인간이 무엇인가를 정확하게 알아내면 거의 다 풀릴 것으로 본다.

여러가지 공해문제니 에너지문제, 인구문제도 인간의 비밀을 캐내면 해결할 수 있는 실마리가 잡힐 것이라고 생각한다.

세계의 초능력자들을 소개하기에 앞서, 여지껏 밝혀진 인간이 행사할 수 있는 초능력에는 어떤 것이 있는지를 우선 살펴 보기로 한다.

사람에게는 눈·코·입·귀·피부로 느끼고 알 수 있는 감각 이외에도 흔히 영감(靈感)이라고 불리우는 육감(六感)이 있고, 그것을 한마디로 초능력이라고 부르는데, 이 초능력에는 다음과 같은 많은 종류가 있다.

먼저 염력(念力)을 들 수가 있는데, 염력파(念力波)에 의해 물체 또는 사람을 움직이게 하는 능력을 말한다.

또한 물체에 변화를 주는 경우도 있다.

또, 염력에 의해 어떤 물체가 사진으로 나타나는 것을 염사(念寫)라고 한다. 뛰어난 염사 능력을 가진 초능력자는 죽은 사람의 영혼을 사진으로 찍는 것도 가능하다.

또한 잠겨진 금고 속을 투시하거나 먼 곳의 장면을 볼 수 있는 초능력을 천리안(千里眼)이라고 한다. 이런 투시능력이 평면적으로 작용하면 천리안이 되고 시간을 초월하여 작용되면 영사 능력이 된다.

시간을 투시하는 데도 두가지 능력이 있다. 과거를 투시하면 영사(靈査) 능력이지만 미래를 보게 되면 예지능력(豫知能力)이라고 한다. 그러니까 거리를 초월할 때는 투시, 천리안이고 시간과 공간을 초월할 때는 한마디로 영사능력(靈査能力)이라고 하며, 불교에서는 이런 초능력을 천안통(天眼通)이라고 부른다.

내가 사람들의 전생(前生)을 보는 것도 이런 능력이라고 할 수 있다.

셋째, 테레파시는 멀리 떨어져 있는 거리에서도 상대편이 무슨 생각을 하고 있는가를 정신력으로 교신(交信)할 수 있는 능력을 말한다.

또한, 도형(圖形)이나 그림 따위를 텔레비젼과 같이 서로 송수신 할 수도 있다. 나는 강화도에 계시던 박문종(朴文鍾) 목사님(현재는 미국에 거주)과 여러차례 '테레파시' 교신을 해서 이를 성공시킨 경험을 갖고 있다.

또한 이런 능력이 발달되면 테레파시 능력이 없는 보통사람의 꿈 속에 나타나서 이쪽의 생각을 전달할 수도 있다.

그리고 예지(豫知)·예언(豫言) 능력을 들수가 있는데, 앞으로 일어날 일들을 영감(靈感)으로 알거나 꿈을 보고 아는 것을 예지능력이라고 부른다.

또한 미래에 일어날 사고(事故)같은 것을 분명히 알 수 있는 능력을 예언 능력이라고 한다.

끝으로, 여러가지 초능력 가운데 가장 드물고 힘든 능력이 바로 '테레 포테이션' (순간이동 능력)이다.

초능력자의 의지력(意志力)으로 눈 깜짝할 사이에 사라져서 다른 곳에 나타나는 능력이다. 좀더 수련을 쌓아서 이런 능력을 갖추었으면 하는 게 나의 소원이기도 하다.

이것은 유체(幽體)가 극도로 발달되어 자기의 육체를 에너지로 변하게 할 수 있는 단계에 이르면 가능하다고 생각한다.

보통 사람들이 갖지 못하고 있는 이런 초능력은 도대체 어디서 생기는 것이며, 그 원리는 무엇일까? 이에 대해서 생각해 보기로 한다. 보고 듣고 맛보고 냄새맡고 만질 수 있는 감각(感覺)이 어디까지나 육체에서 비롯된 것이라면, 영감(靈感) 또는 육감(六感)이라고 불리는 능력은 육체 속에 들어있다고 생각되는 순수 전자파 에너지체인 유체(幽體)와 상념체(想念體)가 지닌 능력인 것이다.

다시 말하면, 인간의 영혼이 지닌 능력이라고 보아야 되지 않을까 생각된다.

영혼은 어디까지나 4차원적인 존재이기에 시간과 공간을 초월할 수가 있는 것이다. 살아 있을 때 많이 수련을 축적했고, 유체(幽體)가 극도로 발달된 상태에서 죽은 사람의 영혼이 살아있는 사람에게 빙의되었을 때도 이같은 능력이 나타나는데 이것을 흔히 영통했다고 한다. 그러나 그같은 빙의령이 몸에서 떠나면 그는 그전의 평범했던 인간으로 되돌아 오게 된다.

이에 비해 초능력자란 본인의 육체 및 유체·상념체(想念體)가 극도로 발달되어 초능력을 발휘하게 되는 것이라고 할 수 있다. 그러므로 이런 경우에는 도중에서 초능력이 없어지는 일은 없다.

그렇다면 초능력자의 능력은 구체적으로 어디에서 비롯되는 것일까? 이에 대하여 그동안 내가 연구 개발해서 얻은 결론을 잠시 소개할까 한다.

사람의 두뇌는 크게 나누어 세가지 부분으로 되어 있다.

척추와 연결되어 있는 뇌간(腦幹)과 간뇌(間腦), 그리고 대뇌(大腦)를 들 수 있다.

한편, 간뇌에는 시상하부(視床下部)와 송과체(松果體)가 포함되어 있는데 현재까지 알려진 바에 의하면 이 시상하부는 온갖 내분비선(內分泌腺)을 조절하고 있는 곳이고, 요가에서 말하는 '사하스라·챠쿠라'가 있는 곳이다.

그리고 이 시상하부의 생리적인 기능은 다음과 같다.

체온(體溫)·순환·외분비(外分泌)·내분비(內分泌)·평활근(平滑筋) 등의 기능 조절을 맡고 있는 동시에 내분비선을 컨트롤하는 곳으로 중요시 되고 있다.

이 시상하부(視床下部)의 기능에 이상이 생기면, (1)성기능(性機能) 이상 (2)물·전해질(電解質)대사 이상 (3)비만증 (4)각종 자율신경 이상에서 오는 증상이 나타나게 마련이라고 한다.

체온 조절, 땀 조절, 수면 조절, 소화 조절장해, 호르몬 분비장해, 각종 시력장해, 각종 지각장해, 정신장해, 그리고 인격의 변화까지 일어난다고 한다.

한편, 송과체(松果體)와 뇌사(腦砂)의 기능에 대해서는 아직 현대의학에서도 확실한 것을 밝혀 내지 못하고 있다.

하여간 인간이 발휘할 수 있는 초능력의 비밀은 간뇌의 시상하부와 송과체 및 뇌사에 원인이 있는듯 하며,(적어도 나는 그렇게 확신하고 있다) 나의 의견으로는 이곳에 인간의 영혼이 깃들어 있다고 말하고 싶다.

태어났을 때 부터 이 시상하부와 송과체가 발달된 사람들은 이른바 타고난 초능력자라고 할 수 있고, 그 다음은 오랜 세월에 걸친 기도 생활을 통하여 정신 에너지를 항상 송과체에 집결시킴으로써 초능력자가 될 수 있는 것이다.

내가 발견한 방법은 두 손의 장심(掌心)에 있는 심포경(心包經)으로 태양 에너지를 빨아 들이면서 이 부분을 발달시켜서 시상하부와 송과체의 기능을 개발하는 것이다.

어제까지 평범했던 사람 또는 병을 앓고 있던 환자가 나의 지도를 받아서 상당한 초능력자의 경지에 들어선 예는 많다. 하지만 인격이 원만하게 발달되지 못한 사람에게 남다른 초능력이 생기면 그 힘은 그를 돕기보다는 오히려 해치는 경우가 더 많다는 것을 알아야 한다.

인격이 원만치 못한 사람이 초능력을 얻게 되고, 그것을 권력과 돈을 얻는 방법으로 사용할 때 그는 사회에 무서운 해독을 끼칠 수 있고, 또 그런 능력을 눈뜨게 해준 사람에게도 큰 화가 미치게 된다.

오랜 수련으로 시상하부가 발달되고 송과체 안에 뇌사 응집작용이 일어나서 사리(舍利)가 형성되면 (요가에서는 이 사리를 '마니 · 보주'라고 부른다) 우주력(宇宙力)을 몸 안에 집결시킬 수도 있고 상대편의 영파(靈波)에 동조함으로써 타심통(他心通) · 숙명통(宿命通)이 가능하며, 또한 온 몸의 세포를 진동시키는 '옴 진동'을 일으켜서 평범한 물을 생명수인 '옴'진동수로 바꿀수도 있고, 또한 중병으로 허덕이는 사람에게 강력한 생명 에너지를 불어 넣어서 시들어 가던 자연 치유력을 소생시킬 수도 있으며, 또한 스스로 자기 몸의 세포에서 항상 독소를 제거하고 기운을 투입하면 노화 방지도 가능한 것이다.

이어서 현재 널리 알려져 있는 세계의 여러 초능력자들을 차례로 소개하면서 그때마다 그들의 능력이 발휘되는 원리에 대해서 나의 의견을 덧붙여 볼까 한다.

2. 초능력자, '유리 게라' 이야기

겉으로 보기에는 보통 사람과 하나도 다른 데가 없으면서 보통 사람들은 상상도 할 수 없는 특수한 능력을 가진 초능력자들, 그런 초능력자들은 아득한 옛날부터 동서양을 통해 많이 존재했었다.

우선 쉽게 생각나는 것은, 죽은 나사로를 사흘 뒤에 무덤에서 소생시켰고, 물 위를 걸으셨으며 사형이 집행된 뒤, 사흘 뒤에 부활하신 예수를 따를 초능력자는 과거는 물론이고 앞으로도 여간해서 나타날 것 같지가 않다.

기독교 신자들이 보기에는 예수 그리스도는 하느님의 외아들이시니까 그런 기적을 행하신게 너무도 당연한 일이라고 보겠지만, 인간적인 차원(次元)에서 보면 예수는 인류가 낳은 가장 위대한 초능력자였다는 견해도 아주 틀린 것은 아니라고 생각한다.

그런데 요즘 예수께서 태어나신 이스라엘이라는 같은 나라에서 '유리게라'라는 젊은 초능력자가 태어나서 세계의 이목을 집중시키고 있다.

그럼 '유리게라'란 어떤 인물인가? 그에 대해서 소개해 보기로 한다.

두살 때부터 예지능력(豫知能力)이!

1970년 9월 28일, 그는 갑자기 '방금 낫셀 대통령이 죽었다!'고 예언했다.

그가 이 예언을 한 지 45분 뒤에 텔레비젼에서 낫셀 대통령의 죽음을 보도하였으므로, 그의 이름은 단번에 유명해졌다.

1946년, 이스라엘의 텔아비브에서 태어난 '유리'는 두살되던 해에 중동전쟁(中東戰爭)을 경험했다.

그날 '유리'는 유모차 안에 타고 있었는데 갑자기 손으로 벽을 밀어서 유모차를 벽에서 떨어지게 했다.

창문에서 떨어진 순간, 마침 폭탄이 떨어져서 창문 유리가 박살이 났다. '유리'는 그가 지닌 예지능력으로 위험이 닥쳐온 것을 미리 알고 창문에서 몸을 피했던게 분명했다.

또한, 일곱살때 '유리'는 자기 손이 팔목시계에 가서 닿으면 바늘이 굽어져 시계가 못쓰게 되는 것을 알았다고 한다.

그러나 반대로 부서진 아버지의 팔목시계를 만지고 있으니까 어느덧 고쳐졌다고 한다. 그때 부터 '유리'는 자기가 지닌 초능력을 인식하게 되었다고 한다.

그러니까 그는 아주 어렸을 때부터 초능력을 갖고 있었던 것이 아닌가 생각 된다.

그리하여 25살까지 그는 여러가지 초능력을 발휘했고 1972년부터 많은 놀라운 실험을 보이기 시작했다.

이를테면 프랑스에서는 대형 모터 보트를 멀리서 노려 보는 것만으로 멈추게 했다.

노르웨이의 오슬로에서는, 가로등의 불빛을 호령 한마디로 전부 전기가 나가게 했고, 뉴욕의 백화점에서는 가게 안의 에스컬레이터를 동시에 전부 멎게 했다고 한다.

비행기도 멈추게 할 수 있다

"만일 하려고 생각만 한다면 날고 있는 비행기도 멈추게 할 수 있을 거다."

라고 '유리게라'는 말했다고 한다.

'유리게라'의 초능력은 정말 무시무시한 힘인데, 온갖 물체를 움직이게 할 수가 있고, 먼 곳에서 자기 뜻대로 조종할 수가 있는 모양이다. 그리하여 그는 1972년 10월에 미국으로 건너 갔다. 자기 자신의 초능력을 과학적으로 시험받기 위해서였다.

우선 '유리'는 전기공학(電氣工學)의 권위자인 '헨리브하리크'박사와 만나서 스탠퍼드 대학을 찾아 갔다.

그리하여 플라스마 연구의 제1인자인 '럿셀타그'박사와 유명한 물리학자인 '헤럴드바조브'박사 등 연구팀에게 자기 몸을 맡겼던 것이었다.

도대체 그 연구소에서는 어떤 실험을 했던 것일까?

첫째 테스트는 온도계의 수은(水銀)을 명령 하나로 손을 대지 않고 오르내리게 하는 일이었다.

두번째 테스트는 엄중하게 밀봉된 금속상자 속에 주사위를 넣어 두고 상자를 몇 번이고 회전시켜 움직이게 했다.

"지금 상자 속의 주사위의 눈금은?"

"6을 가리키고 있다!"

가만히 열어 본 금속상자 안에는 분명히 주사위의 눈금은 6을 가리키고 있었다. 이같은 실험을 1백번해서 80회를 맞혔다고 한다.

세번째 테스트는 자력계(磁力計)의 눈금을 마음대로 움직여 보는 실험이었다.

그것은 자장(磁場)을 느끼는 자력계였는데, 보통 사람이 가까이 가서는 꼼짝도 하지 않는 것이었다.

그러나 '유리게라'는 손도 대지 않고 다만 멀리 가까이 손을 움직이는 것만으로 눈금이 심한 변동을 일으켰다는 것이었다.

분명히 '유리게라'의 몸에는 자력(磁力)이 있는게 증명되었다고 말하고 박사들은 모두 놀랐다고 한다.

카메라를 달에서 지구로

미국의 스탠퍼드 대학 연구소에서 6주일에 걸친 온갖 과학실험을 받은 유리 게라!

브하리크 박사는 분명하게 이야기 하고 있다.

"'유리'의 초능력은 틀림없는 진짜이다. 다만 현재의 과학지식으로서는 그 원리를 설명할 수 없고, 4차원적인 현상이라고 밖에 말할 수 없다!"

그 뒤, 그는 예일대학에서 큰 시계의 바늘을 염력(念力)으로 움직이게 해서 전 미국을 깜짝 놀라게 했고, 독일에서의 실황중계에서는 완전히 두 눈을 가린채 자동차 운전을 해보였다.

장소는 독일의 오펜부르크시(市)에서였다.

차를 운전해서 시속 70km로 달리는 '유리 게라'!

그는 두 눈을 완전히 가리고 있다. 옆 자리에는 '월리'박사가 타고 있다.

'유리'는 커브에서는 정확하게 핸들을 돌렸고, 마주 달려

오는 차가 있으면 이 역시 정확하게 피해서 달렸다.

"어떻게 해서 맞은 편에서 차가 오는 것을 알 수 있는가?"

하는 질문을 받자, 그는 이렇게 대답했다고 한다.

"내 곁에 앉아 있는 월리 박사의 마음을 읽고 있기 때문에 눈으로 보는 것처럼 길을 알 수가 있는 것입니다."

즉, 그는 테레파시 능력을 이용해서 차를 운전했던 것이었다.

또한 그는 스위스에서 런던의 부서진 시계들을 동시에 830개나 움직이게 한 일도 있다고 한다.

나아가서 세계 최대의 초능력자인 그는 이렇게 자부하고 있다. 이번에는 아폴로 계획에 의하여 달의 표면에 두고 온 카메라를 달에서 지구로 끌어오는 염력 실험(念力實驗)을 행한다고 한다.

염력파(念力波)의 수수께끼

노벨상을 탄바 있는 '에자끼레오나'박사는 특히 끊어진 스푼에 자력(磁力)이 발생한데 대하여 주목했다.

"내자신도 미국에서 초능력 실험을 관찰한 일이 있고, 인간에게 초능력이 있는 것은 틀림없는 사실이라고 생각한다. 또한 과학자들이 초능력이 존재함을 너무 간단하게 무시해서는 안된다."

라고 이야기하고 있다. 한편 일본의 저명한 공학박사인 세끼히데오 박사는 염력파(念力波)로 스푼이 굽혀지거나 끊어지는 것은 유자(幽子)때문이 아닌가 하는 새로운 학설을 주장하고 있다.

이를테면 X광선은 인간의 몸을 꿰뚫는데 납은 통과하지

못하는 성질을 갖고 있다. 한편 X선은 인간의 세포에 어떤 변화를 일으킨다는 것은 널리 알려진 사실이다. 한편 파장 중 짧은 것일수록 강력하게 금속을 통과할 수 있는 성질이 있음이 밝혀진 바 있다.

그렇다면 X광선 보다 몇 천배 이상 짧은 파장을 지닌 유자(幽子)라는 것이 존재한다면 어떤 물질이라도 통과할 수 있을게고, 더구나 강한 변화를 일으킬 수 있다고 생각한다.

'유리게라'가 염력(念力)으로 끊어버린 스푼에서 0.83kg의 금속이 소멸된 것이 증명되었다고 하는데 현대 물리학(物理學)의 계산에 의하면 이것은 약 2억 7천만 kw의 전력 에너지에 해당된다는 것이다.

어린 '유리게라'가 마당에서 놀고 있는데, 갑자기 이상한 소리가 들리더니 눈부신 은빛 덩어리가 하늘에서 내려왔고 그러자 그는 머리가 굉장히 아팠으며, 이어서 정신을 잃었다는 것이었다.

'유리게라'는 자기의 초능력은 우주인들에게서 받은 것이라고 분명히 이야기하고 있다.

그 우주인들은 '스펙트라'라는 기지를 갖고 있다고 했고 '유리게라'를 통해 지구인들에게 어떤 사실을 경고했다고 기록하고 있다.

나는 생각한다.

'유리게라'는 아주 어렸을 때, 외계(外界)의 어떤 힘에 의하여 간뇌(間腦)와 송과체(松果體)가 이상발달(異常發達)되었고, 그 결과 우주인들의 힘을 전달하고 변압시키는 기계인간으로 변한 것이 아닌가 한다.

'유리게라'는 분명히 남이 갖지 않은 초능력을 지니고 있지만, 자기의 초능력에 대하여 합리적으로 설명할 수 있는 능력이 없는게 분명하다.

이것은 '유리게라'의 몸은 초능력을 발휘하는 하나의 매개체일뿐, 자기 자신이 그 힘을 진정한 뜻에서 조절하고 있지 못하다는 이야기가 된다.

인간은 이런 초능력을 발휘할 수도 있다는 하나의 본보기일뿐, 그의 초능력이 인류 역사에 크게 보탬이 될것은 별로 없다고 생각한다.

문제는 초능력의 정체를 정확하게 알 수 있는 높은 지성이 결여되어 있기 때문이다.

그런 점에서 '유리게라'는 아직 완전한 뜻에서의 초능력자는 아니라는 것이 나의 결론이다.

3. 영능력자와 초능력자

영능력자(靈能力者)와 초능력자(超能力者)는 같은가 또한, 다르다면 어떻게 다른가 부터 살펴보고 이어서 영각자(靈覺者)에 대해서 이야기해 보고저 한다.

영능력자란, 보호령 또는 빙의령(憑依靈)의 도움을 받아서 영언(靈言)·영청(靈聽)·영시(靈視)·영동력(靈動力)을 발휘할 수 있는 능력자를 말한다.

이와는 반대로 초능력자란 타고나면서 부터 또는 후천적인 수련에 의하여 신체 구조, 그중에서도 간뇌(間腦)의 기능이 남달리 발달되어 보통 사람들 보다 훨씬 높은 차원의 우주력(宇宙力)을 구사함으로써 기적에 가까운 힘을 발휘할 수 있는 사람을 뜻한다.

이런 초능력자들을 보통 ESP능력자라고 부르는데, 우리가 과학적으로 연구해 볼 가치 있는 사람들이라고 생각한다. 이들은 어느 의미에서 현대인을 진화시킨 존재라고 보기 때문에 만일 대량으로 초능력자들을 양성할 수 있는 방법이 개발되어 널리 보급된다면 세계의 운명은 완전히 바뀌어질 것으로 생각된다.

이제까지 알려진 바에 의하면, 초능력자를 양성하는 방법은 선도(仙道)의 수련법과 밀교(密敎)의 수련법, 요가의 수

행법이 있는데 모두가 오랜 세월을 필요로 하고 일종의 고행이 따르는게 공통된 특징이다.

내가 개발한 방법은 태양 에너지를 장심(掌心)으로 빨아들여 간뇌의 송과체(松果體)와 시상하부(視床下部)의 기능을 발달시키는 법과 '옴 진동'이 들어 있는 카세트 테이프를 이용하여 만든 진동수를 복용해 몸의 수분(水分)의 성질을 완전히 바꾸어 주는 방법을 병행시키는 것인데, 몸에 아무런 이상이 없는 건강한 사람이라면 6개월에서 1년 사이에 초능력자로 변모시킬 수 있음을 여러 번 확인한 바가 있다.

(그러나 인연이 없는 사람은 도시 나의 이런 이론을 처음부터 받아들이려고 하지 않게 마련이다. 수없이 윤회를 해서 앞서 세상에서 확고한 유신론자(有神論者)가 된 사람이 아니면 인연은 없다고 보는게 무방하다. 장님에게 진주를 쥐어주어도 아무 소용이 없는 것과 같은 이치이다. 그래서 평소에 나는 처음에 한 두마디 해 보아서 안믿는 이에게는 설득할 노력을 하지 않고 있다. 피차 공연한 시간의 낭비라고 생각되기 때문이다.)

그런데, 이것이 시간에 쫓기는 현대인들에게 널리 보급될 수 있는 가능성은 많다고 생각한다.

한편, 영능력자는 흔히 말하는 입산수도를 통해 접신(接神)을 해서 이루어지게 마련인데 이를 흔히 영통했다고 말한다. 저급령(低級靈)이 빙의되게 되면 무당이나 박수가 되게 마련이고 잘못해서 동물령(動物靈)이나 악령(惡靈)들이 집단적으로 빙의되는 날에는 평생동안 정신병원 신세를 지게 마련이다.

영통 공부란 고의로 빙의를 시켜서 일종의 영능력을 얻는 방법이기 때문에 대단히 위험하고 권유할 만한 것이 못된다고 생각한다.

대부분의 영능력자들이 초기에는 여러가지 신통력을 발휘하지만, 본인이 자기 자신의 능력인줄 착각하여 교만해져서 돈이나 여자를 몹시 탐하게 되면 영능력을 공급해 주던 보호령이나 빙의령은 떠나고 만다.

그렇게 되면, 하루 아침에 영능력은 없어지게 마련이고 그렇게 되면 어느 의미에서 영능력을 행사하기 전보다 더 어려운 처지에 놓이게 된다.

영능력자라고 널리 소문난 사람들 가운데에는 진짜와 가짜가 있는데, 가짜란 전에는 영능력이 있었으나 현재는 보통사람이 된 이가 영능력자 행세를 하는 경우라고 할 수 있다.

이와는 반대로 초능력자는 신체 기능이 특이하여 우주력(宇宙力)을 구사할 수 있는 것이기 때문에 이런 일이 없다.

그대신 세상에 영능력자는 많지만 진정한 뜻에서 초능력자란 전세계적으로 얼마 되지 않는게 오늘의 현실이다.

영각자(靈覺者)란 영능력자 또는 초능력자가 더욱 정진을 해서 도달하는 경지를 말한다.

그는 깊은 수양 끝에 영계(靈界)에 존재하는 진아(眞我)〔이것을 우주의식이라고도 부른다〕와 완전히 하나가 된 경지에 놓인 사람이다.

하느님 안에 내가 있고, 내 안에 하느님이 계시다고 하신 예수 그리스도가 바로 이런 영각자라고 할 수 있다.

인간이 발휘할 수 있는 팔대신통력(八大神通力) 가운데 오직 정심정각(正心正覺)만이 진정한 신통력이라고 하신 석가모니가 바로 이런 영각자라고 할 수 있다.

사람을 대할 때나 동물을 대할 때나 항상 자비심과 사랑의 정신을 잃지 않고 전생(前生)까지도 포함해서 바로 보고 바로 깨우쳐 줄 수 있는 사람, 그가 바로 영각자인 것이다.

진정한 영각자는 영언·영청·영시 능력이 필요치 않다. 그는 언제나 우주의식(宇宙意識)과 하나가 되어 있기에 자기 자신아닌 대상이 곧, 자기 자신인 그런 상태에 놓여 있기 때문이다.

그는 직관(直觀)의 힘으로 모든 것을 알 수 있을 뿐만 아니라, 상념(想念)이 곧 창조 능력을 지닌 그런 능력이며, 이를 행사할 수 있는 인물인 것이다.

어떤 악령이 빙의되었더라도 영각자는 옳바로 보고, 그 악령 조차도 따뜻한 사랑으로 올바르게 인도하며 천도시킬 수가 있는 것이다.

무한(無限)한 사랑, 끝없는 지혜, 한 없는 힘, 이 세가지 능력을 한 사람이 지니고 있는 영각자의 높은 경지야 말로 우리 모두가 바라마지 않는 자리인 것이다.

오늘날의 인간이 진화된 것이냐, 퇴화된 것이냐에 대해서는 정반대되는 두 가지 학설(學說)이 있다.

전통적인 진화론자(進化論者)들은 인간은 하등동물(下等動物)에서 진화된 것이라고 주장한다. 그러나 이와 반대되는 학설을 주장하는 사람들도 많은게 사실이다.

인간은 현재의 지구보다 훨씬 문명이 발달된 다른 별나라에서 이민 온 사람들의 후손이기가 쉽다는 설이 있다.

이 이민설에도 두가지가 있다. 하나는 본래 살던 별나라가 큰 재난을 당하게 되자 지구로 안식처를 찾아서 피난 왔다는 설이고, 또 하나는 도저히 교정(矯正)이 불가능하다고 생각된 범죄자들의 집단을 지구로 추방했다는 설이다. 〔오늘의 오스트리아가 과거 영국의 범죄자들의 유형지(流刑地)였고 그들의 자손이 훌륭한 국가를 건설한 역사적 사실은 잘 알려

져 있다.]

나는 이 두가지 학설이 모두 옳다고 생각한다.

오늘날의 지구인들은 아득한 그 옛날에 이미 우주여행을 완성시킨 뛰어난 종족들의 자손들이고, 또 그곳 세계에서 적응하지 못한 사람들의 자손이기도 하리라는 것이다.

범죄자라는 개념도 반드시 살인범이나 기타 범법자들을 생각해서는 안된다고 본다.

가령 하나로 통일된 규격화된 유토피아 사회에서 뚜렷한 개성을 가진 이들이 있는데, 주위 환경에 적응하지 못할 뿐만 아니라 여러 사람들에게 큰 영향을 주어 공공 질서가 깨어질 위험이 있을 때, 이들이 그런 사회에서는 범죄자 취급을 받아서 다른 별로 추방될 수도 있다고 나는 생각한다.

오스트리아로 추방됐던 범죄자들 가운데에는 그 당시의 정치세력에 반대하는 사상을 가진 이들도 많았으리라는 것을 생각해 주기 바란다.

그것은 오늘날의 사회에서도 자유사상(自由思想)을 가진 사람들은 그들이 가장 싫어하는 범죄자이고, 우리 대한민국에서는 공산주의자가 반국가적인 범죄자라는 사실을 잊지 말기 바란다.

그렇기 때문에 범죄자도 곧 모두가 흉악범은 아니며, 어떤 경우에는 그 사회의 문명제도를 비판할 수 있을 정도로 능력을 가진 뛰어난 인물들이 범죄자 취급을 당하는 경우도 많음을 우리는 잊어서는 안될줄 안다.

그러니까 우리네 지구인의 조상들이 설사 다른 별나라에서 추방된 범죄자였다고 해서 우리가 열등의식을 가질 필요는 없다는 게 나의 생각이다.

오늘날의 인류학자(人類學者)들은 인간에게만 대뇌(大

腦)가 발달되어 있고 다른 동물들은 그렇지 않은 것으로 보아서 인간이 다른 동물에서 진화된 것이라고 주장한다. 그러나 나의 생각은 그렇지 않다. 이 우주에는 하느님의 지혜가 꽉 차 있고, 자연동물들은 그 지혜를 수신해서 자연의 법칙대로 살아가고 있는데 인간은 섣불리 자아(自我)만 발달된 나머지 우주의식에 동조하는 기능은 퇴화되어, 자기 개인(個人)의 좁은 판단과 욕망을' 충족시켜 주는데 필요한 대뇌만 발달시킨 것이 아닌가 라고 생각한다.

섣불리 대뇌만 발달됨으로 말미암아 인간은 우주와 자기 자신 사이에 벽을 쌓게 되었고, 그 결과 오늘날의 병든 문명사회가 된 것이 아닌가 하는 것이다.

만일 인간이 대뇌를 발달시키지 않고 우주의식과 동조할 수 있는 간뇌(間腦)를 발달시켰다면 오늘날의 인류문화는 전혀 반대되는 형태로 발달되었을 것이다.

초능력자=원형인(原形人)이 아닌가?

그렇다면 우선 우주력(宇宙力)의 비밀을 알아 내어 에너지 문제를 해결하였을 게고, 인류사회에서 투쟁과 전쟁은 오래 전에 이미 추방되었을 것이다. 그리고 (에너지에서 물질을 창조해 낼 때, 또 모든 동력(動力)이 순수한 자연력(自然力)의 이용으로 가능해지는 풍요한 사회에서는 전쟁은 필요없게 되는 것이다. 또 이제야말로 상부상조, 상호의존하는 진정한 유토피아를 이룩할 수 있게 된다.)

또, 모든 사람들은 병고(病苦)에서 해방되어 장수를 누리게 되며 모두는 초능력자(내지는 영각자)가 되어 그것이 정상적인 인간사회를 이룩하게 된다고 생각한다.

한편, 일부 역사학자들 사이에서는 태고때 인간들은 대뇌가 거의 발달되지 않았으나 그대신 간뇌가 많이 발달되어 있었을 것이라고 주장하는 이들도 있다.

오늘날, 세계 여기 저기에서 발견되는 초능력자들은 어느 의미에서 인간의 본래의 모습을 그대로 간직한 원형인간(原型人間)이 아닌가 하고 생각하게 된다.

4. 초능력자, 실바 소년 이야기

인도의 남쪽 섬 세일론에 사는 '마시발 실바' 소년은 아까부터 고개를 갸우뚱 거리면서 무엇인지 갈피를 잡지 못하고 있는 듯한 태도였다. 기자는 소년에게 그 이유를 물었다.

"글쎄 내년(1971년)에는 별로 좋은 일이 없는 걸요."

"그래도 할 수 없지. 아는대로 이야기해 주지 않겠니?"

기자는 간곡히 부탁했다.

그는 편집장의 명령으로 '실바' 소년에게 앞으로 1년 동안 일어날 사건에 대한 예언을 청취하러 온 것이었다.

"그럼 다시 한번 보여줘요"

'실바'소년은 기자의 좌우 발바닥을 다시 한번 자세히 살펴 보았다.

닉슨의 중국 방문도 예언

"저 북동에 있는 나라 일본이 아닌가 싶은데요. 하늘과 땅에서 커다란 사고가 4~5건 생겨서 몇백명이 죽겠네요. 비행기끼리 충돌하는 것 같아요."

"북쪽 나라, 중동 같은데요. 온 세계가 깜짝 놀랄 일이 생기겠네요. 하지만 이것은 나쁜 일은 아니고 왜 해빙이라는 것 있지요. 그런 일이죠. 그리고 지금 위대한 사람이라는 눈썹이 진하고 머리가 벗겨진 사람이 큰 실수를 하겠어요. 이 사람 몸이 약하군요. 어쩌면 목숨까지 잃을지 모르겠어요."

"세계 여기 저기에서 지진이 일어나고 이상기온 때문에 너무 춥거나 더워서 야단나겠어요."

'실바'소년은 이밖에도 자기 나라 안에서 일어날 사건을 두어 가지 열거했다. '실바'소년이 예언한 1971년에 이러한 사건이 일어난다고 한 예언은 신문에 크게 보도되었다.

그리고 이 예언은 5개 가운데 4개가 맞은 것이었다. 즉, 일본에서 여객기와 자위대 비행기가 충돌했고, 특급전차가 서로 충돌했다.

중공에서는 닉슨 미국 대통령의 방문을 환영한다는 큰 사건이 생겨서 평화에의 길이 트이기 시작했고, 중공의 다음번 최고 지도자로 알려졌던 임표(林彪)가 실각했으며, 총살되었다는 풍문도 돌았다. 한편 자연현상(自然現象)의 이상도 여러 곳에서 일어났다.

소년이 경고한 국내에서의 사건도 하나는 현실이 되었고 나머지 사건은 미연에 방지되었다.

'실바'소년이 사람들의 발바닥을 보는 것만으로 여러가지 사건들을 미리 알아내거나 투시할 수 있는 힘이 생긴 것은 11년 전 여름부터였다.

"얘야, 정신이 드냐? 어머니를 알아볼 수 있겠냐?"

침대에서 눈을 뜬 '실바'에게 어머니는 기쁨의 함성을 지르면서 매어 달렸다.

'실바'소년은 이틀전 집 앞 개울에 떨어져서 줄곧 정신을 잃고 있었던 것이었다.

'실바'는 울며 기뻐하는 어머니의 얼굴을 물끄러미 바라다

보고 있더니 이윽고 '어머니 발바닥 좀 보여주세요' 하고 이상한 말을 하는 것이었다.

깜짝 놀란 어머니는 아들이 정신 이상을 일으킨게 아닌가 걱정했으나 너무나 외곬으로 요구하기에 발바닥을 보여주는 수 밖에 없었다.

"어머니의 조상은 인도인(印度人)이군요. 옛날에 세일론 사람과 결혼해서 콜롬보에 온 것이군요."

하고 자기 어머니도 전혀 모르는 이야기를 했다.

조사해 보니까 '실바'가 말한 그대로였다. 이렇게 해서 '실바'는 발바닥을 보고 여러 사람들의 운명판단을 할 수 있게 된 것이었다.

그날도 일거리가 없었던 바그미라 노인은 힘없이 길거리에 주저앉아 자신의 불행을 한탄하면서 어느덧 잠이 들어버렸다.

얼마큼 시간이 지났던 것일까?

발바닥을 무엇인가 건드리는 느낌이 들어서 노인은 잠에서 깨어났다. 보니까 웬 소년이 발바닥에 묻은 진흙을 긁어내고 있었다.

노인은 화가 나서 야단을 쳤다. 소년은 '실바'였는데 그들은 서로가 모르는 사이였다.

"할아버지는 바그미라라고 하시죠. 할아버지의 조상은 '말라야'인이죠. 아주 부자시군요."

"쿠알라 룸푸르에 가시면 할아버지는 아주 큰 부자가 되시겠네요."

라고 '실바'는 말했다. 하지만 노인은 자기가 거지꼴을 하고 있어서 어린애한테 까지 놀림을 받았다고 생각하며 버럭 화를 내었다.

노인이 화를 내고 있으니까 그때까지 말없이 보고만 있던 구경꾼들이 가까이 와서 저마다 한마디씩 했다.

"이 애는 생불(生佛)이라는 소문이 난 예언자예요."

집 앞은 인산인해

이로부터 몇달이 지난 뒤였다.

'실바' 소년의 집에 굉장한 고급 차를 탄 한 훌륭한 노신사가 찾아왔다.

"야, 바그미라 할아버지로구나!"

'실바' 소년은 그 노인을 보기가 무섭게 금방 알아 보았다. 분명히 그 노신사는 길거리에서 거지꼴이 되어 잠들었던 노인이었다.

"얘야, 정말 고맙다. 내가 네말대로 쿠알라룸푸르에 가 보았더니 조상께서 나에게 5억원 가량의 유산을 남겨 주셨지 뭐냐!"

바그미라 노인은 눈물을 흘리면서 '실바' 소년의 손을 꽉 쥐었다. 바그미라 노인에 대한 이야기가 퍼지자, '실바'소년의 이름은 전 세일론에 파다하게 알려지게 되었다. 그리하여 '실바' 소년의 집 앞에는 자기의 운명을 알고 싶어하는 사람들이 구름떼 같이 모여 들게 되었다.

'실바' 소년은 그 손님들의 발바닥을 보고는 여러가지 일들을 미리 알려 주어서 굉장히 유명해졌다.

그러나 '실바' 소년의 이름을 더욱 유명하게 만든 것은 살인사건의 진범을 찾아내어 미궁으로 빠지기 직전에 그 사건을 해결한 일이었다.

1969년 9월18일, '실바' 소년에게 선원차림의 한 사나이가 찾아와서 행방을 알수 없는 가족들에 대해서 물었다.

그 사나이의 발바닥을 보던 '실바' 소년은 깜짝 놀라더니 어머니에게 귓속말로 이야기했다.

"이 사람 살인범이예요. 빨리 경찰에 알리세요."

깜짝 놀란 어머니는 아들이 이야기한 대로 경찰에 연락했다.

사복을 입은 형사 3명이 달려오자 '실바'는 그 사나이에게 이야기했다.

"이제 단념하시오. 당신은 토리마로라는 여자를 죽였지요."

놀란 사나이는 도망치려고 했으나 결국 형사들에게 붙잡히고 말았다. 이 살인범은 범행 뒤에 선원이 되어서 외국으로 숨어다니다가 앞으로 이틀만 지나면 시효가 끝날 직전에 모습을 나타내 '실바' 소년에게 그 죄가 탄로가 나고 말았던 것이다.

사건 3백건 해결!

'실바'소년은 예지능력과 투시능력을 갖고 있어서 지금까지 해결한 사건만도 3백건 이상이라고 한다. 또한 개인문제뿐만 아니라 처음에 소개한 것과 같은 국제적인 커다란 사건도 상당히 높은 확률로 적중시키곤 했던 것이었다.

예지·예언 능력은 내가 조사한 바에 의하면 어린 사람들에게 많은 것 같다. 만 여덟살 이전에는 간뇌(間腦)의 송과체(松果體)가 제대로 기능을 발휘하지만, 세속적인 지식이 많아짐에 따라서 영감(靈感)은 점차 줄어들고 퇴화하기 때문이 아닌가 한다. 어릴 때의 신동(神童)이 20살이 되면 범인(凡人)이 된다는 것도 같은 이치라고 생각한다.

항상 올바른 생각을 갖고 있고 순수한 마음의 소유자이면서 성인(成人)인 경우에도 영감이 발달되어 있다고 생각한다.

'실바'소년의 초능력은 개천에 떨어졌을 때 머리에 충격을 받았고, 그것이 공교롭게도 간뇌의 송과체에 큰 자극을 주어서 이상 발달(異常發達)하게 된 때문이라고 생각된다.

5. 공인(公認)된 초능력자들

첫번째 — 크로젯트 이야기

❖ 시상하부(視床下部)의 발달

인간이 행사할 수 있는 여러가지 초능력 가운데 눈을 통하지 않고 사물을 보는 능력이 있다.

이것을 나는 '제3의 눈'이라고 부르고 있다. 시상하부(視床下部)의 기능이 발달되면 육안인 눈을 통하지 않고 볼 수 있는데, 눈 앞에 있는 것을 보는 것은 물론이려니와 이미 일어날 일인데, 발견되지 않은 새로운 범죄 사실을 밝혀 낸다든가 앞으로 일어나기로 되어 있는 일을 알아낼 수가 있는 것이다.

먼 곳에 있는 것이나 숨겨진 사실을 알아내는 것은 '투시'라고 부르고, 장차 일어난 일들을 알아낼 수 있는 힘을 예지력이라고 함은 이미 설명한 바 있다.

동양에서는 이런 능력을 예로 부터 천리안(千里眼)이니 천안통(天眼通) · 숙명통(宿命通) 이라고 불러 왔고, 이런 능력을 발휘한 인물이나 현재 발휘하고 있는 사람들은 상당히 많은 것으로 알고 있다.

내 자신도 이런 능력을 지니고 있음을 여러 번 이야기한 바 있기에 생략하기로 하고, 세계에서 널리 공인되어 있는 초능력자들을 몇 사람 차례로 소개해 볼까 한다.

세상에 알려진 많은 투시능력자(透視能力者)들 가운데 제랄드 크로젯트라고 불리우는 키가 작고 뚱뚱한 네덜란드 사람 이상의 투시능력자는 좀처럼 찾아보기 힘들 것이라고 생각한다.

지난 30년 동안, 크로젯트는 그 뛰어난 투시력과 예지력으로서 과학세계를 놀라게 해왔다.

그가 발휘한 초능력은 어떤 분야의 것이든 가장 엄밀한 과학적인 조사와 분석을 수반한 것이었다고 한다. 그가 거둔 성과는 네덜란드 · 오스트리아 · 프랑스 · 독일 · 이탈리아 · 스위스의 여러 과학자들에 의해 시험이 되었다.

과학자들은 ESP라고 불리는 크로젯트의 투시력과 예지력에 커다란 놀라움을 경험하지 않을 수 없었다.

62세가 되는 크로젯트는 ESP의 네가지 주요한 분야에서 그가 지닌 능력을 실제로 증명해 보였다.

그것은 다음과 같다.

'예지(豫知)' ── 미래를 보는 것.

'투시력' ── 멀리 떨어진 곳에서 일어난 사실들을 알 수 있고 또한 먼 곳에 있는 물체를 보는 것.

'역향예지(逆向豫知)' ── 기억력을 포함하여 어떤 도움도 없이 미래를 보는 것.

ESP 분야에 있어서의 크로젯트의 모든 능력은 네드의 유트레히트 대학에 있는 유사 심리학부(類似心理學部)의 부장 교수인 윌리암 테하아브 교수에 의해 정밀조사를 받았고, 테스트 되었다고 한다.

크로젯트의 초능력에 대한 매우 유명한 실험 하나는 온 유럽에서 모인 많은 과학자들 앞에서 엄격한 관찰 아래 몇 백 번이나 반복된 의자 테스트였다.

크로젯트에게는 모임이 열리기 전에 커다란 홀인 좌석도(座席圖)에서 하나의 숫자가 주어진다.

그는 자기가 받은 숫자를 바탕으로 해서 놀랄만큼 정확하게 그 자리에 장차 앉게 될 사람, 그 사람이 모임에 참석하는 것을 정하기 전에 그의 외모, 성격, 개성을 이야기하는 것이었다.

그날 크로젯트는 유트레히트 대학 유사심리학부 연구소의 생물학자이며, 물리학자이기도 한 텐하아브 교수와 함께 있었다.

크로젯트는 그도 테하아브 교수도 전혀 알지 못하는 헤이그 시에 살고 있는 어느 부인 집에서 25일 후에 열릴 예정인 모임의 좌석 도면을 인수받았다.

여기 참석할 손님들의 명부는 아직 만들어지지 않은 상태였다.

❖ 아홉번째의 의자

크로젯트는 아홉번째 의자를 선택했다.

"이 의자에 앉을 사람에 대해서 자세히 설명할 수 있겠소?

하고 텐하아브 교수는 크로젯트에게 물었다.

크로젯트는 몇초 동안 그 좌석번호를 만지고 있더니 이야기를 시작했다.

"첫째, 헤이그의 부인 댁에서는 원기왕성한 행동적인 부인이 아홉번째 의자에 앉을 거예요. 그녀는 어린이들을 돌보는데 많은 관심을 갖고 있군요."

"둘째, 1928년에서 1930년 사이에 그녀는 슈베닝의 크루하우제, 스트라스브르 거리 있는 서커스 근처를 많이 내왕했음을 알 수가 있군요."

"세째, 그녀는 어렸을 때 많은 치즈공장이 있는 거리에서 수많은 경험을 했군요. 농장에 불이 나서 약간의 가축들이 타 죽었군요."

이어서 그는 마음에 떠오르는 여러가지 점들을 자세히 묘사했다.

◆ 손가락 상처까지

크로젯트는 최근 오른손 중에서 손가락에 상처를 입었다고 이야기했다. 그녀는 오페라 '팔스타프'에 크게 감동을 받았으며, 그것은 그녀가 본 최초의 오페라가 아니었을까 하는 이야기도 했다고 한다.

여러 날 뒤, 실제 모임에서 아홉번째 의자에 앉은 부인은 크로젯트의 예견과 똑같은 사람인 것이 확인되었다고 한다.

오른손의 가운데 손가락에 상처를 입은 것도 맞았고, 팔스타프에 대해서는 그 옛날 부인이 프로 가수로서 데뷔한 최초의 오페라였음도 밝혀졌던 것이다.

이와같이 크로젯트의 예지능력은 정확한 것임이 밝혀졌는데 크로젯트가 정말로 유명해지게 된 것은 투시능력자로서 사회봉사를 했기때문이었다.

오랜 세월에 걸쳐서 유트레히트에 있는 크로젯트의 집 전화는 쉴새없이 울리고 있었다. 전세계에서 항상 도움을 요청해 오기 때문이었다.

전화는 경찰에서 걸려 오는 경우도 있고, 아이가 행방불명된 부모에게서 걸려오는 경우도 있다.

이런 일도 있었다고 한다. 크로젯트는 노르웨이에 살고 있는 한 네덜란드 사람에게서 전화를 받은 일이 있었다.

그 사나이는 모이라나시(市)에서 열 다섯살 되는 소녀인 보조르그하우겐이 자취를 감추었다고 이야기했다.

"도와 주실 수 있겠어요?"

하고 사나이는 이야기했다.

크로젯트는 잠시 생각에 잠긴 뒤에,

"그 소녀는 물에 빠져 죽었군요."

하고 대답했다. 그리고는 이어서 다음과 같이 설명했다.

"밑둥이 잘린 나무가 있군요. 그 나무 근처에 흰 칠을 한 창문이 있는 집이 있어요. 소녀의 시체는 그녀가 살고 있는 곳에서 5킬로, 제가 지금 이야기 한 곳에서 약 9백 미터 떨어진 곳에서 발견되겠군요."

크로젯트는 또한 나무가 쓰러져 있는 근처 시냇물 속에서 소녀의 시체가 발견되리라고 이야기했다.

전화를 건 사나이는 크로젯트가 한 이야기를 경찰에 전하고 조사해 줄 것을 부탁했다. 노르웨이의 경찰은 곧 행동을 개시했다.

네덜란드 주재 노르웨이 대사관은 이 사건에 대하여 공식적으로 경찰보고서를 테하아브 교수에게 보내왔다고 한다.

그 보고서에 의하면 소녀의 시체가 발견된 곳은 크로젯트가 지적한 그대로였고, 시체가 발견된 곳과 그녀의 집과의 거리까지도 정확하게 맞았다는 것이었다.

크로젯트의 뛰어난 투시능력에 의하여 미궁에 빠졌던 살인강도 사건이 해결된 예를 하나 더 적어 보기로 한다.

◈ 범인은 여기 있다

1968년 2월 22일 밤, 힐팰므스시(市)에서 은행원 가족 전원이 살해되고, 한국 돈으로 5백만원 가량 되는 돈을 강탈당한 사건이 일어났다.

은행원 부부와 열 한살 되는 딸이 날카로운 흉기로 온 몸이 마구 찔려 사망한 그런 사건이었다.

피해자는 5층으로 된 맨션의 4층에 살고 있었는데 4층에는 피해자들 외에 일곱 가족들이 살고 있었다고 한다.

이런 범행이 일어난 것을 아무도 몰랐었고, 맨션을 드나든 범인을 본 사람도 없었다고 한다.

피해자 부부는 아주 인품이 좋았었고, 남에게 원한을 갖게 할 일을 저지를 사람이 아니었다.

경찰에서는 범인을 전과자로 추정했다. 그것은 범인이 수사의 단서가 될만한 증거를 현장에 하나도 남기지 않았기 때문이었다.

피해자와 격투를 벌인게 분명한데, 수사에 도움이 될 수 있는 증거는 하나도 찾아 낼 수가 없었다고 한다.

겨우 찾아낸 것은 피해자의 오른 손가락에 피해자의 것이 아닌 실오라기가 몇개 엉켜 있는 것 뿐이었다.

조사한 결과 그 실오라기는 네덜란드제 양복지로서 점버나 작업복에서 떨어져 나온 것임이 밝혀졌다. 그러나 그것만 갖고는 수사가 불가능했다.

그래도 형사들은 범인 찾는 것을 단념하지 않고 꾸준히 수사를 계속했다고 한다.

3년의 세월이 흘렀으나 수사는 전혀 진전을 보지 못했다.

"크로젯트씨에게 부탁해 주세요."

하는 피해자의 부모로부터의 강력한 요구가 있어서 경찰은 형사를 크로젯트에게 파견했다.

"그 실오라기를 보여 주시죠."

크로젯트는 형사의 이야기가 끝나자, 그 유일한 증거품을 말없이 만져 보았다.

"당신네들은 힐팰므스 시내만을 조사했었군요."

크로젯트는 네덜란드의 큰 지도를 꺼내어 가리켰다.

"범인은 여기 있습니다."

하고 크로젯트가 가리킨 곳은 말틴스타이크라는 큰 도시였다.

"이 사건의 범인은 구두직공이오. 나이는 32~33세. 이마에 동전 크기의 점이 둘 있고 오른쪽 귀바퀴에 콩만한 크기의 사마귀가 있소. 앞 잇빨은 3개 금니를 했고, 오른손 새끼손가락 끝이 없고, 왼손등에 길이가 2센티 가량의 흉터가 있소."

범인은 강도전과 2범이라고도 지적했다. 형사들은 곧 현장으로 달려가서 전과자 명단을 조사했다.

범인은 콜베트라는 사나이였다. 크로젯트가 말한 그대로의 특징을 가진 사람이었다.

콜베트는 체포되는 순간 납득이 안가는 표정이었다.

그는 사건 나던 날 밤의 알리바이도 있었고 아무 일 없이 3년이나 지났기 때문에 체포될 염려는 없다고 완전히 안심을 하고 있었기 때문이었다. 그러나 크로젯트가 투시한 결과를 듣자 체념을 하고 자백을 하더라는 것이었다.

두번째 —— 울프 · G · 멧싱이야기

1940년 어느 날, 소련의 백러시아 지방인 고메리시의 극장에서 4차원의 능력을 가진 사나이 울프·G·멧싱은 초능력의 실력을 많은 관객들 앞에서 보여 주고 있었다.

그때, 두명의 경찰관이 무대 위에 올라가더니 관객을 향해 소리쳤다.

"오늘의 무대는 이것으로 끝입니다."

그리고는 경관들은 강제로 멧싱을 차에 태우고는 큰 호텔로 끌고 갔다. 호텔 안의 커다란 방으로 안내된 멧싱은 깜짝 놀라지 않을 수 없었다.

그 방안에는 저 유명한 소련 수상인 스타린이 있었기 때문이었다. 놀라는 멧싱을 거만하게 내려다 보면서 스타린은 낮은 목소리로 말하는 것이었다.

"자네의 초능력은 진짜인가? 나는 아무래도 못믿겠는데."

그 당시 멧상은, 세계적인 물리학자인 아인슈타인 박사, 정신분석학자인 프로이트 박사들에 의해 초능력 시험을 받고 뛰어난 능력자로서 인정받았던 터였었다.

그런 사실들을 알게 된 스타린은 낮은 목소리로 말하는 것이었다.

"모스크바 국립은행에 가서 10만 루블(약 5천만원)을 훔쳐오게. 그것을 할 수 있다면 자네의 초능력을 믿어 주지."

그러나 멧싱은 조금도 놀라지 않고 모스크바 국립은행에 들어가더니 출납계 담당 은행원에게 대학 노트 한쪽을 찢어 주었다 그 종이 조각을 받은 은행원은 금고를 열더니, 케이스에 10만 루블의 돈을 차곡차곡 집어 넣더니 멧싱에게 넘겨 주었다.

그러나 멧싱이 떠난 뒤, 은행원은 다시 한번 10만 루블의 보증수표를 확인한 순간 그만 기절하고 말았다고 한다.

❖2000 마르크의 상금이!

한편 국립은행에서 유유히 바깥으로 걸어나온 멧싱은 그곳에서 기다리고 있던 스타린이 보낸 감시원에게 케이스를 열고 10만 루블의 돈 뭉치를 보여 주었다.

"응, 틀림없이 10만 루블이로군"

감시원도 얼굴이 파랗게 질리며 몸을 떨었다고 한다.

그런데 멧싱은 어떻게 하여 그런 많은 돈을 쉽게 훔칠수 있었던 것일까? 사실은 그의 초능력이란 노트를 찢은 종이 조각이라든가 신문지 조각을 기차표로 착각하게 하거나 수표로 보이게 할 수 있는 능력이었던 것이었다. 다시 말하면, 염력파(念力波)에 의하여 상대방의 마음을 자기 뜻대로 조절할 수 있는 초능력을 멧싱은 갖고 있었던 것이다.

'울프 · G · 멧싱'은 1899년 9월 10일에 러시아의 와르샤바에 가까운 작은 마을에서 태어났는데, 그는 순수한 러시아 사람이 아닌 유태계의 폴랜드 사람이었다고 한다. 소년시대는 폴랜드에서 자랐고 열 한살 되던 해에 처음으로 자기에게 초능력이 있음을 알게 되었다고 한다. 그것은 처음으로 기차에 탔을때, 마침 돈이 없었고 그래서 기차표를 조사하러 온 차장에게 자기도 모르게 신문지 조각을 찢어서 주었다고 한다. '저것을 차표라고 생각해 주었으면 좋으련만…'하고 마음 속에서 염(念)을 했더니 차장은 '차표를 갖고 있었구나!'

하고 말했다는 것이었다.

한편 멧싱이 국립은행에서 10만 루블을 훔쳐 내었다는 보고를 들은 스타린은 아무래도 믿어지지가 않았던 모양이었다. 그래서 이번에는 크레므린 궁전의 한 방에 멧싱을 가둔 다음, 아무에게도 들키지 않고 바깥으로 나가도록 명령했다고 한다.

잘 알려진 바와 같이, 크레므린 궁전은 3중으로 엄중하게 감시하고 있어서 고양이 하나 빠져나가기도 어려운 일이었다. 하지만 멧싱은 불과 하루만에 궁전 바깥으로 탈출하고 말았던 것이었다.

도대체 멧싱이란 어떤 사람이었던 것이었을까? 그는 어떤 초능력을 갖고 있었던 것일까?

우선 첫째로, 그에게는 예언할 수 있는 초능력이 있었다고 한다.

이를테면 1937년에

"만일 히틀러가 동쪽으로 진군한다면 틀림없이 그는 스스로 죽게 되고 나치스는 멸망한다."

라고 예언했는데, 이 사실을 알게된 히틀러는 멧싱의 예언이 틀림없이 맞는다는 이야기를 들었기 때문에 두려워졌던 모양이었다.

그래서 멧싱의 부모와 형제와 친척들은 전부 체포되어 나치스에 의해 처형되었다고 한다. 그런데 멧싱의 예언은 역사가 증명하듯이 100% 맞았던 것이었다.

그리고 1939년에 멧싱은 폴랜드에서 빠져 나오려다가 나치스에게 체포되어 하마터면 총살될 뻔 했었다. 그때 그는 그가 자랑하는 염력전파(念力電波)를 발사했다. 한 방으로 경관이 전부 모이도록 염력을 발사하고 그 틈에 그는 도망쳐 나왔던 것이었다.

❖염력(念力)으로 수염을 뽑다

두번째 그가 지닌 초능력은 테레파시 능력이었다. 엄중하게 밀봉한 봉투 속에 들어 있는 그림이 무슨 그림인지 맞히는 것은 물론이고 누군가에게 두터운 책을 펼치게 하고 즉시 닫은 뒤에 몇페이지였음을 어김없이 알아내곤 했던 것이었다.

더욱이 실험하는 동안, 멧싱은 줄곧 두 눈을 가린채였다.

세번째는 투시능력(透視能力)을 들 수가 있다. 이를테면 폴랜드의 쓰알토리스키 백작은 잃어버린 보석을 찾는데 25만 달라의 상금을 걸었었는데 멧싱은 한시간도 되기 전에 그 보석들이 곰 인형의 몸 안에 숨겨져 있는 것을 발견했다고 한다. 범인은 하인 소년이었음도 곧 밝혀졌다고 한다.

네번째는 멧싱이 지닌 놀라운 불사능력(不死能力)이다. 그는 어렸을 때, 한번 죽을 뻔한 일이 있었다고 하며, 심장이 멎은 뒤 사흘만에 살아났다는 이야기이다.

이는 요가의 훈련에 의하여 몸을 단련시켰던 탓이었지만, 수정관(水晶棺) 속에서 사흘, 또한 황금관(黃金棺) 속에 밀봉된 채 3개월 동안이나 가사상태(假死狀態)로 살 수도 있었던 것이었다.

다섯번째는, 멧싱이 자랑하는 염력 능력(念力能力)을 들 수 있다.

이를테면 1951년, 그가 열여섯 되던 해 행한 유명한 아인슈타인 박사와의 실험이 그 좋은 예라고 할 수 있다.

아인슈타인 박사의 집에 초청된 멧싱은 그곳에 있던 정신분석 학자인 프로이트 박사로 부터 이렇게 귀띔을 받았다.

"아인슈타인 박사의 콧수염에서 털을 뽑아 보도록 하라."

멧싱은 고개를 끄덕이고 세면장에서 핀셋트를 갖고 오더니 아인슈타인 박사에게 준 뒤 순간 염력을 강하게 발사했다.

"콧수염을 3개만 뽑아라!"

그는 마음 속으로 강하게 염(念) 했던 것이었다.

그러자 아인슈타인 박사는 콧수염이 난데가 갑자기 가려워졌던지 핀셋트로 대뜸 털을 3개 뽑아버렸던 것이라고 한다.

프로이트 박사가 경위를 설명하자, 아인슈타인 박사는 빙그레 웃더니 이렇게 이야기했다는 이야기다.

"세상에는 정말 알 수 없는 일이 많구먼. 그러나 이것은 틀림없는 사실이군 그래."

멧싱의 실험은 훌륭하게 성공을 거둔 것이었다.

◆초능력이냐 죽음이냐!

한편 이야기는 다시 먼저 경우로 되돌아 간다. 스타린은 두번에 걸친 실험을 해보고도 아직도 멧싱의 초능력을 믿을 수가 없었다. 어떻게 해서든 자기 눈으로 확인해야겠다고 생각했던지 스타린은 마침내 멧싱에게 이렇게 명령했다는 이야기이다.

"지금부터 사흘 안으로 내 저택으로 들어와서 내 눈 앞에서 보아라!"

스타린의 저택, 그곳은 소련에서도 가장 경비가 엄중하기로 이름난 곳이었다. 밤낮으로 수 백명의 비밀 경찰관들이 개미 한마리 숨어들어 갈 수 없이 감시를 하고, 한편 많은 군대의 병력이 주변을 둘러싸고 있었으니까 말이다.

수상한 사람이 발견만 되면 그 자리에서 총살해 버리는 터였다.

멧싱에게 있어서는 죽느냐 사느냐의 결사적인 각오가 필요한 경우였다. 그는 깊이 생각한 끝에 스타린의 저택 안으로 잠입해 들어갔다.

"나는 베리아, 나는 베리아다."

경비원이 가까이 오면 멧싱은 마음 속으로 이렇게 되뇌이면서 저택 안으로 걸어 들어갔다.

베리아란 비밀경찰 장관의 이름이었는데, 멧싱은 가까이 오는 경비원에게 차례로 염력(念力)을 걸었던 것이었다. 그러면 경비원의 눈에는 멧싱이 베리아로 보이곤 했던 게 분명했다.

그런데 베리아 장관은 특이한 안경도 썼고 키라든가 머리털색이라든가 그 모습이 멧싱과는 전혀 다른 인물이었건만 그래도 경비원들에게는 멧싱이 베리아로 보였던 것이었다.

그리하여 사흘째 되던 날 밤이었다.

스타린은 그때 서류를 보고 있었는데 갑자기 깜짝 놀라 뒤를 돌아다 보았다.

그곳에는 분명히 멧싱이 소리없이 서 있었다.

"흥… 자네의 초능력은 틀림없는 진짜로군 그래."

스타린은 감탄을 했고, 멧싱에게 소련 국내를 마음대로 여행할 수 있는 특별한 허가증을 주었다는 것이었다.

이런 멧싱의 능력에 대해서 나는 이렇게 생각한다.

첫째, 예언능력을 본다면 그의 마음은 시간과 공간을 초월할 수 있는 힘을 지니고 있었다는 좋은 증거라고 본다.

두번째, 테레파시 능력은 '제3의 눈'이 발달되어 있어서 눈이라는 감각기관을 쓰지 않고도 물질이 보내는 반사파(反射波)를 직접 두뇌에서 파악해 시각신경(視覺神經)에 전할 수 있었음을 뜻하는 것이라고 생각한다.

세번째, 투시능력은 인형속에 숨겨진 보석들이 발산하는 특수한 파장을 잡은 것인데, 이것은 테레파시 능력의 변형된 작용이라고 생각한다. 범인을 쉽사리 찾아낸 것은 그 사람들이 발산하고 있는 고유의 영파 파장에 동조함으로써 가능했던 것이라고 본다. 진짜 범인을 찾아 내기 전에, 그는 의심스럽다고 추정되는 모든 사람들의 뇌파에 동조를 해보았을 것이 분명하다.

네번째, 멧싱의 불사능력(不死能力)인데, 이는 요가 수련으로도 가능한 것이며, 요가 행자들 사이에서는 흔히 볼수 있는 능력이라고 할 수 있다.

보통 사람들은 자율신경을 조절할 수가 없다. 만일 모든 사람들이 자율신경을 뜻대로 조정할 수 있다면 정말 큰 일이다.

이를테면 죽고 싶다고 생각한 순간에 심장의 고동이 멎을 테니까 말이다. 생각에 따라서 자율 신경이 뜻대로 된다면 살아 남을 수 있는 사람은 아마 많지 않을 것으로 생각한다.

그래서 인간의 육체를 뜻대로 움직이는 부분은 대뇌(大腦)가 이를 관장하고, 자연의 법칙대로 움직이는 부분은 간뇌(間腦)에서 이를 자동적으로 처리하게 되어 있는 것이다.

만일 인간에게 간뇌가 없고 모든 것이 인간의 뜻대로 작용하는 대뇌만 있다면, 우리는 숨쉬는 것, 소화시키는 것을 비롯해서 모든 기능(혈액을 만드는 것, 배설 작용 등)에 하나하나 지시를 내리게 되므로 자기 몸을 도저히 지탱할 수가 없을게 분명하다.

도대체 목숨을 유지할 수가 없으리라. 인간은 아무 일도 하지 못하고 배우지 못하고 도대체 생존하는 것 자체가 불가능해질 것이 아니겠는가.

한편, 모든 기능을 자율신경이 조절한다면 인간에게는 개성도 없어지고 하나의 로봇트나 다름이 없을 게다.

평소에는 자율신경이 하던 일을 어떤 경우에는 대뇌의 명령대로 움직이게 할 수 있으므로서 멧싱의 네번째 초능력이 탄생한 것이라고 나는 생각한다.

보통 사람이 관(棺) 속에 갇힌다면 그 순간 질식해서 죽을게 분명하지만, 멧싱은 가사상태로 들어가서 겨우 목숨을 유지시키는 정도로 신체의 모든 대사기능(代謝機能)을 낮춘 것이라고 생각된다.

다섯번째, 멧싱이 자랑한 염력현상(念力現像)인데 이는 그의 간뇌의 송과체(松果體)에서 발사된 강력한 염력파(念力波)가 상대편의 시각 신경을 완전히 지배한 데서 일어난 현상이라고 생각된다.

아마 모르긴 해도 멧싱은 스스로 원한다면 모든 사람들에게 자기 모습을 안보이게 하는 초능력도 있었을 것으로 생각된다.

여기서 내가 추리한 결론을 소개하면 다음과 같다.

그는 유태 계통의 폴랜드 사람이라고 했는데, 그는 아마도 아득한 옛날, 지구에 온 초능력자였던 우주인(宇宙人)의 재생(再生)이 아닌가 하는 것이다.

유태인들이 스스로를 하늘에서 온 선민(選民)임을 자처하는 이유도 근거가 있는 것으로 생각되며, 멧싱은 일종의 돌연변이에 의하여 그의 조상이 가졌던 여러가지 초능력을 되찾은 보기 드문 예가 아닌가 하고 나는 생각한다.

또한 인간에게는 본래 이런 능력이 있다가 지금은 퇴화해서 없어진 터인데 앞으로 인간은 멧싱과 같은 초능력을 갖게 될 날이 반드시 올 것이라고 나는 생각한다.

세번째—에드가 케이시 이야기

기적의 사나이 '에드가 케이시'는 세상에서 보기 드문 초능력의 소유자였다. 현대의학으로부터 버림받은 난치병과 불치병에 시달리고 있는 사람들의 목숨을 1만 5천명이나 구한 것이었다.

더욱이 케이시는 손가락 하나 까딱하지 않고 몇백 킬로 떨어진 곳에 있는 사람들의 병까지도 고쳤던 것이었다.

도대체 케이시는 어떤 방법으로 난치병을 고친 것이었을까?

이제부터 기적의 사나이 케이시를 소개해 볼까 한다.

기적의 사나이 —— 에드가 케이시의 이름이 미국의 신문에 처음으로 실린 것은 1902년 여름의 일이었다.

그 무렵, 그는 25세였고 켄터키주의 '보링 그린'이라는 고을에서 작은 책방의 점원 노릇을 하고 있었다.

고향인 홉킨즈 빌에는 아름다운 약혼녀인 겔투루드가 살고 있었지만, 결혼할 엄두를 내지 못할 만큼 그는 가난했었다. 그의 놀라운 초능력을 진심으로 부터 믿고 있는 것은 정골기사(整骨技師)였던 '레인'뿐이었다.

❖진찰만 하는 명의(名醫)

그런데 1902년 8월 7일, 케이시에게 갑자기 장거리 전화가 걸려 왔다. 홉킨즈 빌의 중학교 교장인 디히트리히씨에게서 걸려 온 전화였다.

"당신은 어떤 난치병도 고칠 수 있는 명의(名醫)라고 레인 씨에게서 들었습니다. 제발 제 딸을 구해 주세요."

교장의 이야기에 의하면 다섯살 먹은 딸인 에이메는 3년전에 감기를 앓은 뒤로 어떻게 된 셈인지 말도 제대로 하지 못한다고 했다.

의사에게 보였더니 뇌(腦)에 상처가 생겨서 두살 먹은 아이의 지능(知能)상태로 고정되어 버린 것 같다는 이야기였다.

"고칠 수 있을지 어떨지 모르겠습니다. 최선을 다해 보겠습니다."

에드가는 이렇게 대답하고 전화를 끊고는, 곧 기차를 탔다.

홉킨즈 빌의 역(驛)에서는 애인인 겔투루드와 친구인 레인이 기다리고 있었다.

두 사람의 안내로 에드가 교장의 집에 달려가니 에이메는 거의 다 숨이 넘어가려는 상태였다. 그러나 교장은 에드가의 손에 진찰용 가방도 없는 것을 보고 불안해서 물었다.

"케이시 선생, 딸을 어떻게 진찰하실 생각이시죠?"

"아니 저는 의사들이 하는 것과 같은 진찰은 하지 않습니다. 의학에 대해서는 전 모르니까요"

교장은 깜짝 놀라 한동안 멍하니 서 있었다. 그런데 좀더 놀라운 일은 에드가가 쇼파에 벌렁 들어눕더니 진찰은 커녕 그냥 잠이 들어버린 사실이었다.

"에드가를 믿어 주세요. 그는 잠 자면서 진찰을 한답니다."

"믿으라고! 그런 바보같은 소리가 어디 있단 말이오!"

교장은 미친 것 처럼 소리쳤다.

그러나 레인은 에드가 곁에서 펜과 종이를 들고 무엇인가를 기다리고 있었다.

❖잠든 상태에서 진단

그때 잠들어 있는 에드가 케이시가 갑자기 이야기를 하기 시작했다.

"이 병의 원인은 척추에 있다. 에이메는 3년 전에 유모차에서 떨어지면서 척추를 다친 일이 있다. 그때 입은 상처로 균이 들어가서 뇌에 손상을 입힌 것이다. 곧, 척추를 고치면 완전히 좋아질 게다."

레인은 에드가가 하는 말을 한마디도 놓치지 않으려고 열심히 적고 있었다.

그러나 교장 부인이 갑자기 소리를 질렀다. 그리고는 잠에서 깨어난 에드가의 손을 꼭 쥐면서 떨리는 소리로 말하는 것이었다.

"케이시 선생님! 당신은 어떻게 해서 이 애가 유모차에 다친 것을 알고 계신가요. 3년 전의 사고는 저만이 알고 있는 사실인데요. 이것이 당신의 기적적인 치료법인가요?"

그러자 에드가는 몹시 난처해진 표정으로 이렇게 대답했던 것이었다.

"사실은 제가 이상한 힘을 사용할 수 있는 것은 잠들고 있을 때 뿐입니다. 저는 의학에 대해서는 아무런 지식이 없고 잠든 사이에 제가 무슨 말을 했는지 전혀 기억을 하지 못합니다."

◈소녀에게 기적이!

그러나 그의 초능력(超能力)에 완전히 압도된 교장 부인은 딸의 병 치료를 정골기사인 레인에게 맡기기로 했다.

이로부터 닷새 동안에 에이메는 척추를 고치기 위한 치료를 받았다.

하루 하루 에이메의 안색은 점점 좋아지기 시작했다.

9월 2일, 마침내 기적이 일어났다.

"엄마 ! 나 과자가 먹고 싶어 !"

여지껏 한마디도 말하지 못했던 에이메가 분명히 이렇게 말한 것이었다.

그뒤, 다섯살된 소녀인 에이메는 말을 잘 하게 되었고, 손발도 움직이게 되었으며, 멀지않아 유치원에도 다니게 되었다고 한다.

현대의학으로는 도저히 불가능한 일을 초능력으로 훌륭하게 해낸 것이었다.

그리하여 소녀 에이메를 구한 소식은 곧 신문에 보도되었고, 에드가의 이름은 정신박약아까지도 고치는 기적의 명의(名醫)로서 온 미국에 널리 알려지게 되었던 것이었다.

그런데 에드가 케이시는 어떻게 하여 이런 초능력이 있는 것을 발견하게 된 것일까?

◈낙제생에서 천재로

그날도 국민학교에서 낙제생인 에드가는 선생님에게 야단을 맞고 있었다. 받아 쓰기 시간에 CABIN이라는 낱말을 몇 번 가르쳐도 제대로 받아 쓰지를 못했던 때문이었다.

에드가는 수업이 끝난 뒤에 흑판에 2백번이나 캐빈이라는 낱말을 써야만 했었다. 그날 밤, 이런 사실을 안 판사인 아버지는 몹시 화를 내었다.

"CABIN을 쓸 수 없단 말이지! 이 바보 같으니라구!"

그러나 에드가는 몇 백번을 써도 올바르게 쓰지 못했고, 결국 한밤중이 되었다. 게다가 그는 졸기 시작했다.

"일어나라…이 돌대가리 같으니라구!"

아버지의 고함소리에 그는 깜짝 놀라 눈을 떴다. 그 순간이었다. 에드가는 처음으로 자기에게 초능력이 있음을 알게 된 것이었다.

"아버지, 저는 조금 자기만 하면 어떤 단어도 쓸 수가 있어요."

"뭐라고! 그럼 써 보아라!"

아버지는 큰 소리로 외쳤다.

그러자 바로 기적이 일어났다.

그때까지 몇백번을 써도 기억하지 못했던 단어를 단숨에 완전하게 쓴 것이었다.

아버지는 놀라서 차례로 단어를 불렀다.

에드가는 놀랍게도 아직 배우지 않은 낱말이 책의 몇 페이지에 있다는 것까지 정확하게 말한 것이었다.

다음 날 부터 학교 안이 발칵 뒤집혔다.

선생이 가르치지 않은 낱말은 말할 것도 없고 에드가가 제일 싫어하는 수학의 공식까지 척척 암기를 해낸 때문이었다.

에드가는 교과서 앞에서 잠깐 졸기만 하면 책 한 권을 완전히 따로 외울 수가 있었다.

에드가는 어떤 글이나 공식도 따로 외울 수는 있었으나 수학문제를 자기가 생각해서 푸는 능력은 전혀 없었다고 한다.

그래서 그는 상급학교에 진학하는 것을 포기하고 책방의 점원이 되었으나 장사는 아주 서툴렀고 그의 초능력을 살릴 수 있는 길은 없었다.

◈자기 자신의 병도 고쳐!

그러다가 23살 되던 1900년의 일이었다.

"앗! 목소리가 안 나온다."

어느 날, 갑자기 에드가는 말을 하지 못하게 된 것이었다.

그때 친구인 레인은 에드가의 목소리를 고치는데 문득 최면술을 써볼 생각을 했다.

"에드가, 잠들라구… 자네는 자신의 몸을 보고 있다. 목소리가 나오지 않는 것은 어디가 나쁜 탓이라고 생각하나?"

최면술에 걸린 에드가는 깊이 잠 들었는데 갑자기 말을 하기 시작했다.

"목 혈관 속에 피가 굳어져서 혈액순환이 나빠지고 있다. 목을 맛사지 해서 덥게 하는게 좋겠다 !"

이윽고 에드가가 최면상태에서 깨어나자, 레인은 목을 맛사지하고 뜨거운 수건으로 찜질했다.

"앗, 목소리가 제대로 나온다 !"

그러자, 레인이 입을 열었다.

"에드가…자네는 어쩌면 다른 환자의 병에 대해서도 정확한 원인을 진단하고 치료 방법을 알아낼 수 있을지도 모르겠네."

"설마! 그런 힘이 있을까?"

"하지만 자네는 자기 자신이 자기의 막힌 목을 고치는 방법을 말했지 뭔가!"

에드가는 이 사건을 계기로 잠자면서 병을 진단하고 고칠 수 있는 방법을 말할 수 있는 초능력이 있음을 비로소 알게 된 것이었다. 에드가는 레인의 절름발이 발을 고치는데 성공했고, 1954년 죽을 때까지 1만 5천명의 수많은 환자들의 병을 고치는 방법을 알아 내었고, 또한 그는 천리안(千里眼)의 능력도 있어서 앞으로 일어날 일들에 대해서도 많은 예언을 남긴바 있다.

◈지구의 변화를 예측

케이시가 남기고 간 예언에 의하면 지구는 2100년 무렵까지 여러가지 변화가 온다고 했다.

① 1981년에서 2100년 사이에 일본열도는 바닷속으로 가라앉는다.

② 대서양에서는 아트란티스 대륙이 다시 솟아오른다.

③ 유럽은 그 대부분이 바다로 변한다.

④ 미국의 큰 도시들은 대개가 바닷속으로 사라지고, 약 5분의 1정도만 육지로 남는다.

⑤ 남미(南美)－남극과 육지로 연결된다.

⑥ 남극과 북극－화산이 폭발하여 온도가 높아져서 얼음이 녹고 식물이 자라게 된다.

여기서 에드가 케이시에 대한 내 자신의 생각을 적어 보기로 하자.

그가 잠들어서 케이시 자신의 개성적인 힘을 잃게 되면 보호령이 그의 간뇌를 통해 대뇌로 통신을 보내서 그와 같은 기적을 일으키는 것이 아닌가 한다.

그가 행한 많은 기적과 같은 발언은 어디까지나 그의 보호령이 그의 육체를 사용하여 발휘한 것일 뿐, 에드가 케이시 자신이 행한 일은 아니라고 생각한다.

그의 몸은 어떤 4차원적인 영계(靈界)의 힘이 작용하는 채널 구실을 한 것에 지나지 않는다는 것이 나의 의견이다.

에드가 케이시도 앞서 이야기한 유리게라의 경우와 흡사하며, 참된 초능력자는 못된다. 왜냐하면 그는 자기의 의지에 의해 초능력을 구사한 것은 결코 아니기 때문이다.

물질만능 사상에 사로잡혀 있는 현대인들에게 4차원 세계인 영계(靈界)가 존재한다는 하나의 뚜렷한 증거를 보여준 좋은 보기라고 나는 생각한다.

네번째 ―죤 케인 이야기

지금 영국에서 주목받고 있고, 화제가 되어 있는 심령치료사(心靈治療師)로서 '죤 케인'이라는 사람이 있다.

현재 영국에는 세계적으로 이름난 해리 에드워드라는 심령치료사를 비롯하여 약 2천명 가량의 심령치료사가 있으며 영국심령협회(英國心靈協會)에서 공인을 받고 활동하고 있다고 한다.

그처럼 많은 영국의 심령치료 능력자들 가운데에서도 아주 독특하며 더욱이 그 치료 능력이 굉장히 강한 사나이로서 주목을 받고 있는 것이 바로 죤케인인 것이다.

일본의 저명한 초능력 연구가인 나까오까도시야(中風後哉)라는 사람이 죤 케인을 76년 6월 일본에 초대해서 두번에 걸친 공개실험을 했다고 한다.

이 죤 케인의 일본 초빙은 〈여성 쎄븐〉이라는 잡지사와 공동으로 한 것으로서, 우선 그의 사진을 〈여성 쎄븐〉(6월 16일호)에 실리고 그 사진을 보고 원격치료(멀리 떨어진 곳에 에너지를 보내어 환자를 치료하는 것을 말함)의 효과가 있는가 없는가 하는 실험부터 했다고 한다.

◆사진 치료 큰 반응

이러한 실험은 세계에서도 처음 해보는 것이기 때문에 나까오까씨 자신도 정말 효과가 있을지 크게 불안했다고 한다.

잡지에 실린 죤 케인의 사진을 76년 6월 7일 오후 6시, 독자들에게 지켜 보게 하여 그 감응(感應)을 조사하는 실험이었다.

곧 독자들로 부터의 반응이 편집부에 쇄도했다. 편지는 1천통을 훨씬 넘었고, 그 내용은 거의 전부가 원격치료 반응을 느꼈으니 상담에 응해 주었으면 좋겠다는 것이었다.

이를테면 기후(岐阜)에 살고 있는 호리(堀)라는 사람은 오랫동안 신경통 류머티즘으로 발이 몹시 아팠던 할머니가 이층에서 6시 정각에 사진을 보고 기도를 했다는 것이었다. 그랬더니 놀랍게도 다리가 쭉 펴졌고, 여러 해 동안 고통받았던 류머티즘의 고통도 거짓말처럼 사라졌다고 연락을 해왔다고 한다.

◈심장이 두근거려

또한 도쿄(東京)에 살고 있는 다께다(竹田)씨는 다다미 위에 정좌(正坐)해서 죤케인의 사진을 지켜 보았더니, 맨 처음에 심장이 몹시 두근거렸고, 심하게 몸이 흔들리기 시작했다고 한다.

그러자 손이 저절로 위로 올라가더니 위 부분에서 멎었다고 한다. 문득 정신을 차려보니까 만성 위염(胃炎)으로 고통받던 배가 시원해져 있었다고 한다.

이밖에도 많은 환자들의 기적적인 반응이 있었다고 한다.

죤케인은 몸에서 일종의 강력한 생체(生體) 에너지를 방사(放射)하고 환자들을 일종의 깊은 최면상태로 유도하는게 아닌가 한다.

사람의 몸에는 누구나 자연 치유력이 있음은 이미 널리 알려진 사실이다. 우리가 병든다는 것은 어떤 이유로 이 자연 치유력이 제대로 작용하지 않게 된 상태라는 것도 이 방면에 관심이 있는 사람이면 누구나 아는 사실이다.

그러니까 죤케인은 피시술자와 약속한 시간에 강력한 생체 에너지를 발사해서 이런 효과를 거두게 된게 아닌가 한다. 다만 그러기 위해서는 환자가 죤케인을 철저하게 믿어야 함은 더 말할 것도 없는 일이다.

죤케인의 영파(靈波)와 동조될 때, 환자의 몸안의 잠자던 자연 치유력은 다시 활동을 시작하게 되기 때문인 것이다.

◈일본에서 대성공!

깊이 따지고 보면 환자들은 스스로의 힘으로 질병을 고친 것이며, 죤케인은 그들을 도와준 것에 지나지 않는다고 나는 생각한다. 어쨌든 죤케인의 일본에서의 실험은 대성공을 거둔 것만은 분명하다. 그럼 여기서 심령치료란 무엇인가, 잠깐 설명을 하고 넘어가기로 한다.

"사람이 병드는 데는 그 원인에 있어서 의학적(육체적인 원인)인 것과, 영적인 것이 있는데, 영적인 원인에서 생긴 병은 현대의학으로 치료되지 않는다. 이것은 심령치료가 맡아야 할 분야(分野)이다."

이것이 죤케인의 생각이다.

하지만 우리 한국에서는 이 심령치료에 대해서 전면적으로 부정되고 있고, 치료는 말할 것도 없고 연구조차도 미미한 실정이다. 내가 알기로는 심령치료를 공개적으로 인정하고 있는 나라는 영국과 브라질 밖에 없다.

어째서 한국이나 일본에서는 심령치료가 백안시(白眼視) 당하고 있는 것일까? 그 원인에는 여러가지 요소가 있다고 본다.

예를 들면, 의학적으로 보아 현대의학으로서는 치유되지 않는 질병이 많은게 사실이지만 심령치료로서는 그 치유가 가능하다는 사실을 의사들은 받아들이려고 하지 않는다.

현대의학의 기술로 치유되지 않는다면 치유는 불가능하다는 생각, 이것은 현대의학만이 인간의 질병을 고칠 수 있는 유일한 방법이라는 독선(獨善) 바로 그것이라고 나는 생각한다.

사람들이 고통받고 있는 난치병과 불치병을 어떻게 해서든 고쳐 주어야 한다는 커다란 목적이 있다면, 비록 심령치료라고 하는 현대과학으로서는 아직 해명(解明)되기 어려운 치료법이 있어도 참고로 받아들일 수 있는 용기가 한국과 일본의 의사들에게는 없다는 것이 하나의 원인인 것이다.

그러나 내가 보기에 이것은 부질없는 생각에 지나지 않는다. 왜냐하면 심령치료가 다룰 수 있는 분야는 너무나 넓다는 것을 생각하면 이런 걱정은 하지 않아도 되기 때문이다.

그러나 훌륭한 치유력을 가진 심령치료 능력자가 많지 않다는 것도 문제점이다.

되도록 많은 환자들을 질병의 고통에서 해방시켜 주는 것이 의학의 목적일진대, 심령과학과 현대의학이 공동으로 제휴한다는 것은 어느 모로 보나 바람직한 일이라고 생각한다.

어찌 심령치료 뿐이랴!

가까운 예로 지압이나 침술 같은 것도 덮어놓고 이를 인정치 않는 것은 온당치 못한 처사라고 생각한다. 왜냐하면, 이미 많은 환자들이 지압과 침술을 이용하고 있고 그 혜택을 보고 있는게 사실이기 때문이다. 차라리 공개적으로 인정하고 지압사와 침술사를 양성해서 엄격한 국가 시험을 거치게 하는 게 국민보건을 위해서도 바람직한 일이 아닌가 한다.

그렇게 하는게 엉터리 지압사나 침술사가 환자들에게 피해를 주는 것을 막는 길도 되기 때문이다.

이 점은 이웃 일본에서는 이미 시행되고 있는 일이다.

질병의 고통에서 해방시켜 주는데 있어서 그 효과가 분명하다는 것이 인정된다면 지압이든 침술이든 심령치료든 이를 장려하고 발전시켜 현대의학과 공동 발달시키는 게 참다운 보건 행정이라고 생각한다.

이야기가 본론에서 좀 탈선을 한 것 같아서 다시 본론으로 돌아간다.

심령치료가 의학계에서 인정을 못받는 또하나의 이유는 2류, 3류의 사이비 종교단체에서 자기네들 종교 단체의 이익을 위해서 얼른 보아 납득되지 않는 이상한 방법으로 심령치료를 하고 있는 데도 문제가 있는 것이다.

그러나 따지고 보면 현대의학도 심령치료도 그 목적은 같다는 것을 알아야 한다. 심령치료도 환자에게 건강을 되찾게 해주는데 있는 것이지 다른 데 목적이 있을 수는 없는 것이기 때문이다.

◆난치병 많이 고쳐!

실제로 심령치료가 현대의학의 힘으로는 치유될 수 없는 난치병과 불치병을 고친 예는 너무나 많다. 우선 가까운 예로 나의 경우를 보면 지난 20여년 동안에 수만명의 환자들을 심령치료와 체질개선법 실시에 의하여 건강하게 해준 경험을 갖고 있는 터이다.

저혈압・고혈압・각종 정신질환・각종 위장병・악성 피

부병 · 폐결핵 · 당뇨병, 각종 암환자들이 특수한 심령치료와 체질개선 시술에 의해 스스로 건강을 되찾게 된 예는 이루 헤아리기 어려울 정도이다.

고질병에 속하는 당뇨병과 말기(末期) 폐결핵 환자들이 너무나도 쉽게 치유되는 데는 나도 놀라지 않을 수 없었다.

심령치료라는 것이 현재 미국 · 소련 · 영국과 같은 선진국에서 주목받으면서 조금씩이지만 채택되고 있다는 사실을 의학계(醫學界)가 솔직하게 인정하고 검토해 볼 필요가 있다고 생각한다. 그러면 심령치료란 구체적으로 어떤 것인지, 이에 대하여 설명해 볼까 한다.

①제령(除靈)에 의한 방법.

②인과 해제(因果解除)에 의한 방법.

③영계(靈界) 의사의 도움을 받는 방법.

④접촉요법, 원격 치료, 손바닥 요법. (이것은 내가 주로 하고 있는 방법이다.)

⑤특수한 '옴 진동음'을 쪼인 생수(生水)를 마시게 하여 몸의 체액(體液)의 조화를 이루게 하는 방법. '옴 진동음'을 이용한 직접 시술법. (이것은 내가 발견한 완전히 새로운 방법이다. '옴 진동수'를 만드는 데는 특수한 녹음 테이프를 사용한다)

◈유체(幽體)로 된 인간

여기서는 이런 방법에 대해 설명하기 전에 심령치료의 전제가 되어 있는 문제에 대해서 이야기해 볼까 한다.

심령치료에 종사하고 있는 사람들 사이에는 사람의 몸이

육체와 유체로서 이루어져 있다고 보며, 이를테면 독일의 라이프치히 대학에서는 이런 사실을 증명하는 실험과 연구가 활발하게 진행되고 있다고 한다.

이런 사고방식에 의하면, 질병이 생기는 이유는 어떤 원인으로 말미암아 유체(幽體)에 고장이 생기게 되고, 그렇게 되면 또한 난치병이 발생하게 되는 것이다.

따라서 유체를 바로 잡아주면 육체의 질병이 고쳐지고 반대로 육체의 기능을 바로 잡아주면 유체가 정상이 되어서 병이 완쾌되게 되는 것이라고 할 수 있다.

이와같이 난치병과 불치병의 원인을 보통 사람들은 잘 알 수 없으나 영사능력(靈査能力)이 있는 심령치료사에게는 그것이 분명히 보이는 것이다.

일부의 심령과학자들은 그 특수한 힘을 '제3의 눈의 힘'이라고 보고 있다.

질병에는 심령치료로 고쳐질 수 있는 것도 있지만 현대의학의 힘을 빌려야만 할 경우도 굉장히 많다고 생각한다. 따라서 참다운 심령치료 능력자는 심령진단한 결과 의학적인 조치가 필요하다고 판단되면 의사에게 찾아가도록 권유하게 마련이다.

여기서 심령치료의 여러가지 방법에 대해서 간단하게 소개해 볼까 한다.

① 제령(除靈)에 의한 방법

빙의령(憑依靈:죽은 사람의 영혼이 붙은 것)과 생령(生靈)이 빙의된게 원인이 된 난치병 환자에게는 우선 '옴 진동수'를 100일 이상 마시게 해서 불순해진 체액(體液)을 바로 잡은 뒤, 몇번에 걸쳐 체질개선 시술을 베풀고 제령(除靈)해서 이를 제거시키면 대개의 경우는 완쾌되게 마련이다. 또한 생령(生靈)은 이를 소멸시키는 방법을 쓴다.

한편 사진을 통하여 원격 시술해서 제령이 되는 경우도 있다.

② 인과 해제(因果解除)에 의한 방법

이것은 질병의 원인이 환자가 전생(前生) 또는 이승에서 저지른 악업(惡業)이 원인이 되어 악령(惡靈)이나 원한령이 빙의되어서 생기는 경우인데, 이런 경우에도 역시 100일 이상 '옴 진동수'를 복용시켜서 몸을 깨끗이 한 뒤에 빙의령을 설득시켜 이탈시킨다. 시간이 오래 걸리는 게 특징이다. 원한을 풀어주는 조치가 절대 필요하기 때문이다.

이런 경우, 환자가 완고하게 나의 영사결과(靈査結果)를 부인하고 반성하지 않을 때는 거의 제령이 불가능하다. 왜냐하면 인과율(因果律)은 이 우주를 지배하는 절대적인 법칙이기때문에 본인이 겸손해지지 않고 반성하지 않을 때는, 쉽게 고쳐질 수 있는 질병에서 끝내 해방되지 못하고 죽는 것을 볼 때, 인연이 없는 중생은 건질 수 없다고 하신 부처님의 말씀이 진리(眞理)임을 새삼스럽게 깨닫게 된다.

③ 영계(靈界)에 있는 의사의 도움을 받는 방법

이것은 의사 또는 영능력자에게 이미 고인(故人)이 된 명의(名醫)의 영혼이 빙의되거나 또는 보호령이 되어서 심령적으로 치료 또는 수술하는 방법이다.

필리핀의 토니의 경우가 바로 여기에 해당된다고 생각한다. 죤 케인의 경우는 런던에 있는 킹대학의 죤테이라 교수가 증명했는데 그에게는 굉장히 강한 에너지 파워가 있으며,

그 힘에 의해 치료하는 것이라고 했다.

한편 죤케인은 스스로 말하기를 어느 날 갑자기 이상한 체험을 한 뒤에 이런 능력이 생겼노라고 했다. 영계(靈界)에서 어떤 힘이 작용하여 그의 체질이 개선됨으로써 초능력자 내지는 영능력자가 된다고 생각된다.

여기서 죤케인의 이야기를 직접 소개해 보고저 한다.

"나는 심령협회(心靈協會)의 어디에도 속하고 싶지 않다. 협회에 속하게 되면 비록 능력이 약해져도 치료사로서 행세해야 되기 때문이다."

자기의 능력 이상의 평가를 받고 싶지 않은 것도 사실이다.

우리들과 같이 이런 힘을 부여받은 사람은 그 힘만으로 봉사하는 것이 사명이 아닌가 한다.

영능력자·초능력자·영각자들은 다같이 능력이 부족하여 고통을 받고 있는 동포들에게 힘껏 봉사하기 위해 하늘에서 선택받은 사람이라는 자각(自覺)을 갖고 겸손하게 살아야 한다는 죤케인의 생각에 나도 동감임은 물론이다.

제 3 장
과거, 그리고 미래로의 여행

1. 실리우스별에서 온 우주인

새해를 맞이하여 나도 나이가 예순이 되었다. 지나간 59년의 세월을 되돌아 볼 때 나는 정말 파란만장한 인생을 보낸 셈이고, 특히 지난 2년 동안은 뜻하지 않게 에이즈 사건에 말려 들어서 두번씩이나 미국엘 갔었고, 두번씩이나 병원에 입원, 여러 번에 걸친 수술을 받았으며, 몇번이나 생사(生死)의 고비를 넘겨야만 했었다.

마치 끝없는 악몽 속을 헤매는 것과 같던 세월이었다.

내가 어떻게 하여 에이즈 사건에 말려들게 되었는지 오늘은 그 이야기를 하여볼까 한다.

내가 잘 아는 어느 분의 딸이 서울대학교 공과대학 대학원을 졸업하고 미국의 버클리대학으로 물리학을 전공하기 위하여 유학중, 박사 과정을 들어가기 전에 시험을 보았는데 답은 정답을 썼으나 소수점 치는 것을 전부 틀려 시험에서 낙제 점수를 맞은 일이 있었다.

학교에서 정상을 참작해 다시 한번 시험을 치룰수 있게 되었으나 이번에도 똑같은 실수로 낙방했다고 한다.

이 여학생은 하도 창피해서 스스로 자퇴(自退)를 하고 하숙방에 틀어박혀 울고만 있는데 어느날 갑자기 환청(幻聽)이 들리기 시작했다고 한다. 전혀 들어보지 못한 사나이의 목소리로 빨리 한국에 돌아가서 안동민이라는 심령과학자를 만나라는 이야기였다. 그러면 이 아가씨가 겪은 이상한 사건의 수수께끼가 모두 풀릴 것이라는 이야기였다.

도대체 터무니 없고 믿을 수 없는 이야기여서 이 여학생은 자기가 상심한 나머지 정신이상이 된것이 아닌가 고민했다고 한다. 그러나 똑같은 환청이 계속적으로 들려 와 하는 수 없이 서울에 국제전화를 걸었더니, 이 이야기를 들은 아버지가 반색을 하면서 자기도 최근에 안동민씨를 만나서 큰 고민을 해결하게 된 일이 있다면서 빨리 돌아오라고 했다는 이야기였다.

지난 수십년 동안 나는 많은 책을 써서 출판했지만, 이 아가씨는 전공이 달라서 내가 쓴 책을 한권도 읽어볼 기회가 없었고, 따라서 내 이름을 전혀 모르고 있었다는 이야기였다.

그래서 이 아가씨는 겨울방학을 이용해 귀국한 다음, 나를 찾았다.

그런데, 이 아가씨와 마주 앉는 순간, 이번에는 내 귀에 환청이 들리기 시작했다.

이런 내용이었다.

지금으로 부터 1200만년 전, 실리우스 별에서 기체인간(氣體人間)을 실은 우주선이 지구로 왔는데, 대기권 돌입 때, 조정의 잘못으로 지표(地表)에 대충돌하여 캡슐이 깨졌으므로 기체인간들은 공기 속에 흩어져 오늘날 지구 위에 존재하는 모든 바이러스의 선조가 되었고, 그 가운데 조종사의 뇌속에 들어 있었던 존재들만이 때마침 그곳을 지나가던 원시인(原始人)의 머리속에 들어가 인간과 공생(共生)하게 되었으며, 그 원시인은 돌연변이를 일으켜 오늘날의 인류의 시조(始

祖)가 되었다고 했다.

이 돌연변이를 일으킨 원시인은 1만년을 살았고 불을 쓰는 법과 언어 등을 발명했으며, 수많은 자손들을 남겼다고 했다. 그는 신(神)과 같은 존재였고, 그를 추앙하는 데서 종교도 발생하게 되었다는 이야기였다.

그런데, 인간이 문명해지면서 그들은 자기의 머리 속에 기생하고 있는 실리우스 우주인들의 지시를 거부하게 되었고 자기네들끼리 전쟁을 일삼게 되어, 그들 실리우스 별에서 온 기체인간인 우주인들은 인간의 머리에서 철수하여 아프리카에 사는 녹색 원숭이의 몸 속으로 대이동을 했다는 이야기였다.

이때부터 인간은 그 누구의 조정도 받지 않고 스스로의 판단으로 살게 되었고, 1000년 이상 살던 장수족에서 100년도 못사는 단명족(短命族)으로 변신하게 되었다는 이야기였다.

그런데 얼마 전 영국 출신으로 미국에 귀화(歸化)한 어느 세균학자가 이들 바이러스를 녹색 원숭이에게서 채집하고, 세균무기를 만들기 위해 온갖 방법을 연구 개발한 끝에, 모든 의약품에 면역성을 가진 악성바이러스를 만들게 되었다는 것이었다. 그리고, 바이러스는 살아남기 위해 자기네를 이토록 괴롭히는 인간들을 적으로 알게 되었고, 인간의 면역성을 파괴하는 것과 그 신체를 한없이 축소시키는 방법을 스스로 터득하게 되었다는 것이었다.

이 과정에서, 그때까지 잠자고 있던 그들의 지능이 갑자기 복원되어 인간이 만들어내는 백신을 얼마든지 무효로 만들 수 있게끔 계속적으로 돌연변이를 하여 오늘날의 에이즈균이 되었다는 이야기였다.

그러나, 그들이 애당초 지구에 온 목적은 인간과 공생(共

生)하면서 인간을 지혜로운 생명체(生命體)로 진화(進化)시키는 것이 목적이었지, 인간을 멸망시키는 것이 목적은 아니었다고 했다.

그들이 전세계를 샅샅이 조사한 결과, 바이러스와 같은 미생물의 생존자도 인정하고 있는 나를 발견하고, 복잡한 과정을 밟아서 접신을 하게 된 것이라고 했다.

환청이란, 나로서는 처음 겪는 일이었기에 적지 않은 충격을 받은 것이 사실이었다.

아직 물을 마실 수 있는 초기 환자에게는 내가 발견한 '옴진동수'만 마시게 해도 충분히 치유될 수 있노라고 했다.

그리고 병세가 악화된 사람에게는 자기네들의 메시지와 브람스의 자장가와 베토벤의 전원교향곡을 수록한 녹음 테이프를 고주파로 변형시켜 계속 들려주면 에이즈 바이러스는 결정체로 변해 비활동성이 되므로 에이즈는 완전히 치유될 수 있노라고 했다.

나는 심령과학자이지, 발명가는 아니라고 했더니, 부산에 사는 전자공학을 전공한 사람을 보내줄테니 그를 만나서 원리를 설명하면 쉽게 기계를 만들 수 있으리라고 했다. 그런데, 정말 그런 사람이 다음 날 부산에서 올라와서 나는 고주파 송신기로 된 특수한 녹음기를 20대 가량 만들게 되었고, 또한 그들의 예언대로 일본에 건너가서 실제로 세네갈 대사관에 근무하는 일등서기관의 딸이 유사 에이즈에 걸린 것을 완쾌시켜 주었다.

또한 그들의 예언대로 미국에서 돌아온 나의 고교 동창생인 이준영씨의 알선으로 두번이나 미국에 갈 기회도 가질 수가 있었던 것이다.

때마침 탈고된 영문으로 된 《경이의 심령수》를 출판했으므로, 나는 이들 기계와 책들을 로스앤젤레스에 있는 킹목사 기념종합병원에 근무하는 여의사에게 전달할 수가 있었다.

"당신이 전달을 해도 그들이 당장은 믿지 않겠지만, 공기 전염 단계가 되어 백약이 무효가 되면 비로소 채택되어서 큰 효과를 나타낼 것입니다. 그때 가서는 늦으니까 지금 전달하세요."

나는 다리에 상처가 있는데도 불구하고 목숨을 걸고 미국에 두번이나 다녀와야만 했고, 그때문에 골수염이 생겨서 3년동안 병원에 몇번씩 입원하여 일곱번이나 수술을 받아야만 했었다.

지금 생각하면 등골이 오싹해지는 끔찍스러운 경험이었다.

8·15해방과 6·25동란에서 우리가 살아남은 것은 미국의 도움이 있었기 때문이기에 내 목숨 하나 기꺼이 던져서 그들의 어려운 처지를 도우려 한 것이 내 동기였지만, 현실은 너무도 냉엄했다.

사명감에 불타서 목숨을 초개같이 알고 뛴, 내 자신이 스스로 생각해도 기특하다는 느낌이 드는 요즈음이다.

그때만 해도 젊었었구나 하는 느낌이 들기도 하고, 지금 생각하면 악몽을 꾼 것 같이 느껴지기도 하는 것이다.

2. 죽음에 이르는 마음의 병

우리는 흔히 병이라고 하면 몸의 어디가 아프다든가, 고장이 나서 신체의 어느 부분을 못쓰게 된 것만을 병인줄 알고 있는 경향이 있다.

인간이란, 육체만 살아 움직이고 정신이 이미 가버린 이는 노망이 난 것이고, 몸은 멀쩡한데 마음이 온전치 못한 사람을 팔불출이니, 등신이라고 부르고 있다.

문명(文明)이 발달하면 할수록 사람들은 마음과 몸이 긴장하게 되는, 이른바 스트레스가 쌓여서 정신이 이를 감당하지 못하게 되면, 가볍게는 노이로제로 부터 자폐증(自閉症)이라든가, 과대망상증·피해망상증·분열증·우울증 같은 정신병을 앓게 된다.

자기 주관 외의 모든 것을 믿지 않게 됨으로써 스스로 마음의 울타리를 치고, 그 속에 자기 몸을 숨기는게 자폐증인데, 흔히 맞벌이하는 부모 밑에서 성장하는 어린이가 아파트 속에 갇혀서 살다보면 자폐증에 걸리게 되는 경우가 많고, 어른들도 이 병에 걸리게 되면, 지나치게 얌전해지거나 혼자 중얼거리는 등, 대인관계를 전혀 못하게 된다.

이런 증상들은 통털어서 정신질환에 속하는데, 이런 정신질환에 속하지 않으면서도 암과 같이 죽음에 이르는 마음의 병이 있다.

그 병이 바로 '나 아니면 안된다'는 병이다. 독자들은 도대체 무슨 소리를 하고 있는지 쉽게 납득되지 않으리라고 생각되기에 이제부터 그 병에 대한 이야기를 해볼까 한다.

나 아니면 안된다는 병에 걸린 사람들의 우선 대표적인 경우는, 자기의 분수와 능력을 제대로 파악하지 못해 몇번이고 국회의원 선거에 출마했다가 떨어지는 사람들이다.

꼭 판검사가 되겠다고 수없이 고등고시에 응시해서 젊은 시절을 모두 허송해 버리는 경우도 이와 같은 경우라고 할수가 있다. 살아가는 길과 방법은 여러가지인데, 굳이 고등고시 합격만을 인생의 유일한 목표로 삼는다는게 어딘가 이상하다고 나는 생각한다.

이 병에 걸리게 되면, 자기에게 들려주는 충고는 전부 비방으로 들리게 된다.

아침마다 치켜세우는 말만이 귀에 달갑고, 가산은 탕진되어 처자식들은 비참한 지경에 이르지만, 본인은 오히려 건강하고, 당당하기만 한 것이 특징이다.

이런 사람이 어쩌다 한번 국회의원에 당선이라도 되는 날이면, 나 아니면 안된다는 병은 더욱 깊어진다.

나는 이병이 죽음에 이르는 병이라고 했는데 그 가장 좋은 예가 돌아가신 박정희 대통령의 경우라고 생각한다.

이 분은 나 아니면 안된다는 병에 걸려서 군사혁명을 일으켰고, 여러 번에 걸쳐서 이 나라의 통치권자가 된 것은 누구나 다 아는 사실이다.

가난하던 이 나라가 그분의 통치시대에 걸음마를 시작했고, 선진국 대열에까지 끼게 된 것은 사실이다. 여러 방면에 많은 인재가 배출되었으니, 그 분이 자리에서 물러나고 뒷사람에게 양보했더라면 박정희씨는 아직도 건재했으리라고 생각한다.

그러나 그분의 '나 아니면 안된다'는 병은 이미 암의 말기 단계에 가 있었기에 유신헌법을 만들고, 민주국가란 허울뿐인, 고대의 독재군주로 변신했던 것이었다.

육영수 여사가 암살되었을 때, 박정희씨는 '나 아니면 안된다'는 병을 치유할 수도 있었는데 그분은 자기가 이상한 병에 걸린 환자라는 것을 알지도 못했고, 또 알려고도 하지 않았었기에 결국 총탄에 의하여 저승행을 할 수밖에 없었던 것이라고 생각한다.

그 분이 이 나라에 끼친 공이 그야말로 너무나 컸었기에 하늘은 영부인을 그런 모양으로 소환하여, 박정희씨로 하여금 '나 아니면 안된다'는 병을 치료할 수 있는 기회를 주었건만, 그 분은 자기 병을 모르고 있었고 결국 암에 걸린 사람과 같은 비참한 최후를 맞았던 것이라고 생각한다.

'나 아니면 안된다'는 심각한 병에 걸린 사람의 손에 4천만 명이 넘는 국민의 운명을 그냥 맡겨둘 수는 없었기에 하늘은 강제로 그분을 소환하였고, 비로소 그는 나 아니면 안된다는 병에서 해방되었다고 생각한다.

그런 점에서 7년만에 대통령 자리를 물러선 전두환씨는 이 병에서 치유가 되었기에 아직도 건재한 것이라고 나는 생각한다.

3. 영혼 이야기에 고개 돌리는 사람들

얼마 전, 미국에 이민간 아들을 둔 한 노부인이 나를 찾아온 일이 있었다. 이민간 아들이 이제는 자리도 잡히고 살만하게 되었는데 어찌된 셈인지, 영 장가 갈 생각을 하지 않는다는 이야기였다.

어머니로서는 큰 아들이 이렇다 할 뚜렷한 이유도 없이 결혼하지 않는 것이 못내 안타깝다는 이야기였다.

이런 하소연을 하면서 내어놓은 아들의 사진을 보니 영낙없이 여자와 같은 인상을 주는 얼굴이었다. 전생(前生)에서 이루지 못한 사랑을 비롯하여 정사(情死)한 두 남녀가 복합령으로 태어났다는 느낌이 들었다. 그러기에 그는 여성을 여성의 입장에서 여성과 같은 눈으로 보게 되고, 따라서 그 여성의 결점부터 눈에 띄게 된다는 이야기를 그분에게 해주었다.

이 문제를 원만히 해결하려면 옴 진동수 가족이 되어야 하고, 적어도 100일이상 '옴 진동수'를 복용한 뒤에 정식으로 제령(除靈)할 필요가 있다고 했다.

이래서 어머니는 아들을 대신하여 내가 보급하고 있는 '옴 진동수' 복용 가족이 되었고, 그 뒤 반년 가까이 지난 뒤에 아들이 직접 나를 찾아왔다.

첫 대면한 순간, 나는 그가 무서운 느낌이 들었다. 알고보니 지난 1천년 동안 저승사자를 지낸 사람이었고, 그 전에는 원효대사였었던 적이 있었다는 느낌이 들었다.

원효대사의 영혼이 분령(分靈)되어 여러 사람으로 태어난 것은 사실이고, 그 가운데 나도 한 사람이라는 것은 이미 알고 있기는 했었지만, 원효대사의 분령의 한 사람이 죽은 뒤에 저승사자 노릇을 했다는 것은 처음 알게 된 일이었기에 나는 크게 놀라지 않을 수 없었다.

원효대사의 분령(分靈)이 재생(再生)할 때, 김옥균(金玉均)과 정사(情死)한 일본인 두 남녀의 영혼을 바랑에 지고 태어난 것 같다는 이야기를 했더니, 웬 스님이 바랑을 지고 제 품에 뛰어드는 꿈을 꾸고 이 아들을 잉태하게 되었노라고 곁에 앉아 있던 어머니가 증언했다.

이 젊은이는 며칠에 걸쳐 체질개선의 시술을 받았고, 제령(除靈)도 받았다.

복합령인 그의 영혼을 구성하는 사람들은 모두 분리시켜서 저승으로 보냈고, 그가 결혼하면 복합령으로서 그의 자식으로 태어나도록 조치를 취한 것이었다.

나는 지난 몇년 동안, 이와 같은 일들을 수 없이 한 일이 있는데, 그때마다 본인들의 얼굴 인상과 성격이 바뀌면서 쉽게 결혼들을 하게 되는 것이었다.

병신이 아닌데도 젊은 남녀가 결혼하지 못하고 혼기를 놓치는 데는 여러가지 이유가 있지만, 남녀의 마음을 한데 갖고 태어난 사람들은 거의 예외없이 여성을, 또는 남성을 보는 눈이 매우 예리한게 사실이다.

영혼을 분리시켜 이탈시키면 그 순간부터 성격에 변화가 일어나는데, 정말 놀라운 일이 아닐 수 없다. 여지껏 선 본 상대를 타박만 하던 사람이 갑자기 상대편 이성(異性)에게 관대해져서 쉽사리 결혼을 한 예가 많은 것이 사실이다. 그것은 남자들만이 그런 것이 아니고, 여성의 경우도 마찬가지였다.

서른이 훨씬 넘도록 결혼하지 못하고 있는 노처녀, 마흔이 가깝도록 자기 짝을 구하지 못한 노총각들을 보면 하나같이 심령적인 문제가 있는 사람들이었다.

전생(前生)이 누구였었는지를 알아내고 그들의 심층의식 속에 깔려 있는 원인을 알아내어서 제거를 해주면 대부분의 경우, 성격에 큰 변화가 일어나게 되고, 이성(異性)을 대하는 태도가 관대해진다는 것은 공통된 현상이었다.

사람에게 정말 전생(前生)이 있을까, 하고 의문을 느끼는 분들이 많으리라고 생각한다. 그러나 영혼이 시간을 초월하여 영생(永生)하는 존재라면, 사람이 몇번이고 거듭 태어난다는 것은 너무도 당연한 일이라고 생각한다.

한 시대 전만 해도 영혼의 존재를 누구나 믿었었는데 요즘같이 물질만능의 세상이 되다 보니 영혼부재의 사고방식을 가진 사람들이 많아진 게 사실이다.

이것은 분명히 진보된 것이 아니라, 퇴보된 현상이라고 나는 생각한다.

4. 단념하지 않는 마음이 기적을 일으킨다

얼마 전 일이었다.

나는 아내와 함께 포항 공과대학에서 근무하는 아들을 만나러 포항에 간 일이 있었다. 아들은 미국대학에서 공학박사 학위를 땄고, 며느리도 유전공학 박사학위 이수과정을 끝내고 귀국한 지 얼마 되지 않은 무렵이었다.

나는 이상하게도 평생을 두고 단 한번도 직장생활을 옳게 해 본 일이 없었다. 어느 의미에서 나처럼 철저하게 이 사회에 적응하지 못한 사람도 드물다고 생각한다. 그대신, 나는 40대에 들어서면서 심령능력자로 변신하여 특수한 체질개선법을 발견했고 '옴 진동수'라는 희귀한 물의 원리를 알아내어서 수많은 환자들을 건강하게 해줌으로써 이 방면에서는 자타(自他)가 공인하는 권위자가 된 것은 사실이다.

우리나라에만 약 5~6만명, 일본에도 약 5,000명 가량의 회원이 있으니 6만명이나 되는 많은 사람들이 나를 따르고 도움을 주고 받고 있는 것이다.

어느 의미에서 나는 이 사회에는 적응을 못했지만, 반대로 많은 사람들을 나에게 적응시켜서 살아가고 있는 셈이다.

나는 심령능력자이기에 신들의 존재를 믿고, 또 그들을 부릴수도 있는 사람임을 자부한다.

서두는 이만하고, 우리 부부는 포항행 비행기를 탔는데, 비행기가 이륙한 지 얼마 지나지 않아서 승무원이 나타나 갑자기 포항 일대에 짙은 안개가 끼어서 착륙하는게 위험해졌기 때문에 대구로 기수를 돌렸으니 양해해 달라고 했다.

대구 KAL지사에서 버스편으로 종착지까지 실어다 주니까, 포항에는 한시간 가량 늦게 도착하게 되리라는 이야기였다. 나는 승무원에게 물었다.

"안개가 끼었다면 이제라도 강풍이 불어서 안개가 사라지면 예정대로 포항 공항에 내릴 수 있겠군요."

"그렇습니다."

"포항 공항하고는 계속 연락을 하고 있나요?"

"네, 그렇습니다."

나는 곁에 앉아 있는 아내를 돌아다 보았다.

"포항 일대의 날씨는 동해 용왕이 조절하게 되어 있으니 우리 둘이서 용왕에게 부탁해 보는게 어떻겠소?"

아내는 표정으로 보아 내 말을 안믿는 모양이었다. 그렇다고 굳이 크게 반대하는 태도는 아닌듯 했다. 가만이 고개를 끄덕였다. 나는 오른 손으로 아내의 왼쪽 손을 잡고 두눈을 감았다.

"동해용왕이시어, 나는 심령능력자인 안동민인데, 아들을 급히 만날 일이 있어서 포항에 가는 길이외다. 힘드시겠지만 안개를 거두어 주십시오."

라고 부탁했다. 그랬더니 이상하게도 곧 반응이 있었다.

"동해용왕이 존재한다는 것을 믿어주시니 고맙소. 모처럼의 부탁인데 그렇게 해드리이다."

하는 목소리와 함께 나의 마음의 눈에 비친 포항 하늘을 덮은 짙은 안개가 바람에 불려 사라지는게 아닌가.

두 눈을 뜨니 스튜어디스가 마침내 곁을 지나고 있었다.

"이제라도 안개가 거치면 포항에 내릴 수 있나요?"

"그건 안됩니다. 이미 기수는 대구를 향하고 있고, 20분 뒤에는 대구 공항에 착륙하게 될 것입니다."

나는 그제서야 단념하고 두 눈을 감았다. 10분쯤 지났을 무렵이다.

두 눈을 뜨고 창문 바깥을 바라다 본 나는 깜짝 놀라지 않을 수 없었다. 비행기가 해안선을 따라 날고 있었기 때문이다. 분명 대구는 내륙지방인데 바닷가를 날고 있다는게 아무래도 이상했다. 그러나 나는 설마 이곳이 포항 상공인 줄은 모르고 있었다.

승무원이 가까이 오더니 '갑자기 바람이 불어서 안개가 거쳤기 때문에 예정대로 포항공항에 내리게 되었습니다.'라고 말하는게 아닌가?

착륙 20분을 앞두고 결코 단념하지 않은 내 마음이 기적을 일으킨 것이라고 나는 생각한다.

덕분에 나는 동해용왕이 실존하는 존재임을 확인하게 된 셈이었고, 심령능력자로서 내가 하는 일에 더욱 굳은 신념을 갖게 된 것이었다.

5. 사람의 양심은 스스로를 처벌한다

지난 20여년 동안, 나는 연인원 20만명이 넘는 많은 사람들의 신상 상담역을 해왔다. 덕분에 나는 비록 간접적이나마 세상에서 보기드문 별의 별 희귀한 경험을 쌓을 수가 있었다.

그 덕분에 인생을 살아가는데 필요한 많은 지혜를 터득했다. 오늘은 그러한 체험담 하나를 소개해 볼까 한다.

어느 날, 한 중년부인이 수심에 싸인 어두운 표정으로 나를 찾아 왔다. 남편의 이상한 버릇때문에 몹시 고민스럽다는 이야기였다. 자기 남편은 평소에는 아주 가정에 충실한 모범적인 사람인데, 해마다 여름철 8, 9월이 되면 이상한 발작을 일으켜서 큰 망신을 당하곤 한다고 했다.

남편은 모 회사의 중역인데, 어느날 갑자기 다른 직원들이 보는 앞에서 평소에는 무덤덤하게 지내던 여사무원을 와락 끌어안아 큰 소동을 일으키곤 한다는 이야기였다.

평소에 각별히 친했던 사이도 아닌데 느닷없이 이런 짓을 하니 여사무원은 비명을 올리게 마련인데, 이번에도 예년과 같은 일이 일어나서 여사무원은 충격을 받은 나머지 사직서를 썼다고 했다.

회사에서는 자기 남편의 이상한 발작을 모두 알고 있지만,

일을 당한 여사무원의 경우는 충격이 클 수 밖에 없고, 나중에 남편은 몹시 후회를 하지만 해마다 같은 시기가 돌아오면 이 괴상한 발작이 일어나고 마니, 그 원인을 알아서 조처를 해줄 수 없겠느냐고 부인은 애원하다시피 말했다.

조선시대 중종 때가 아니었던가 한다. 충청도 어느 고을에 한 선비가 있었다. 과거시험에 두번씩이나 낙방해서, 그 부인은 백일치성을 드린다고 찬물을 몸에 끼얹는 고행을 하다가 독감에 걸렸던지 그만 하루 아침에 세상을 뜨고 말았다. 죽어가는 순간, 부인은 간절한 어조로 다음과 같이 유언을 했다.

"이번 세번째 과거에는 꼭 급제하도록 하세요. 저승에서라도 지켜보고 있을 게요."

선비는 열심히 공부했다.

그런데 과거시험을 보러 상경하던 도중에 길을 잃어 산 속을 헤매게 되었다. 밤은 점점 깊어만 가는데, 늑대 울음소리도 들리고 으스스 했다.

한참 헤매다가 산 속에서 멀리 불빛을 보고 찾아가니 움막같이 작은 초가집이 한채 나타났다. 문을 두드리니 소복을 한 아리따운 젊은 아낙이 밖으로 모습을 나타냈다.

6년 전에 시아버지가 돌아가셔서 이곳에 움막 같은 초가집을 짓고 남편이 기거하였는데 3년상이 끝나던 날, 하산하려던 남편은 독사에게 물려서 죽었고, 자기가 그날부터 움막에서 기거했는데 오늘이 죽은 남편의 3년상이 끝나는 날이라고 했다.

달리 방이 없어서 두 남녀는 한 방에서 하룻밤을 지내게 되었는데, 밤중에 여인이 선비의 품 속으로 파고 들었다. 죽은 남편의 모습과 너무나도 닮아서 자기도 모르게 품속으로 파고 들었다고 여인은 애절하게 사랑을 호소했다.

선비는 당황했다. 죽은 아내의 얼굴이 눈 앞에 떠올랐다. 자기는 무슨 일이 있어도 이번 과거 시험에 뽑혀야 하며, 그 전에 여인을 품에 안는다는 것은 죽은 아내를 보아서도 있을 수 없는 일이라고 했다. 그러나 과거에 뽑힌 뒤에는 보쌈을 해서라도 꼭 이 여인을 아내로 맞이하겠노라고 했다. 여인은 흐느껴 울뿐 아무 말이 없었다.

다음 날, 선비가 작별을 고하고 떠나는데 움막에선 불길이 치솟았다.

"선비님은 이 몸에 씻을 수 없는 망신을 주셨어요. 죽음으로 이 한을 풀 수 밖에 없어요."

하고 울부짖는 여인의 목소리가 등 뒤에서 들리는 듯 했다.

"이때의 선비가 어쩌면 부인 남편의 전생(前生)인 것 같습니다. 남에게 큰 망신을 주어서 죽게 했다는 양심의 가책이 심층의식에 남아 있어서 망신을 자초하는 행동을 하게 하는 것 같습니다."

하고 나는 설명했다.

그들 부부는 제령을 받았다.

남편의 이 이상한 병이 과연 완쾌되었는지는 아직도 발작이 일어날 예정인 다음해 8, 9월이 되어 보아야 알게 되리라고 생각된다.

1년이 지났지만 그들에게서는 아직 아무런 소식이 없다.

6. 생명체는 지구의 마음이 만들어낸 존재

지극히 환상적인 이야기지만, 지구를 우리와는 비교가 안 되는 거대한 규모의 생명체라고 생각해 보자.

용암은 지구의 끓는 피고, 대지는 살, 암석층은 골격, 그리고 지구 위를 덮고 있는 나무들은 지구의 머리칼, 체모(體毛)라고 생각해 보자.

우주에서 쉴새없이 내려 퍼붓는 여러가지 우주선과 태양빛은 지구에 필요한 영양분이라고 생각해 보자. 우리가 퍼쓰는 석유자원은 지구의 피부 밑에 저장되어 있는 지방층이라고 생각해 보자.

지구는 우주 속을 떠도는 외로운 존재, 그리고 스스로의 마음을 즐겁게 하기 위해 많은 생명들을 탄생시켜서 지구 위에서 살게 했다고 생각해 보자.

그런데 언제부터인지 그 많은 생물들 가운데 인간이라는 존재가 나타나서 번식을 하기 시작하더니 어느덧 온 땅 위를 다 뒤덮게 되고, 지구의 모든 자원을 마구 낭비하더니 이제는 분수없이 생태계를 마구 파괴하고 공해물질을 마구 쏟아 놓아서 강과 바다를 오염시키고 있다. 대기가 완전히 오염되면 곤충들과 식물들이 죽게 되고, 산소도 없어지게 되어서 인간은 말할 것도 없고, 이 땅위의 모든 생물들이 전멸하게 된다.

지구는 다시 외로워진다. 살고 싶은 뜻을 잃게 될지도 모른다.

왜냐하면 지구 위에 살고 있는 모든 생명체들은 지구의 마음이 만들어 낸 존재들이기 때문이다. 그들이 자취를 감출 때, 지구의 마음도 죽게 되어, 뜨거운 용암도 식어 버리면 이 지구는 다시는 생명을 잉태할 수 없는 죽은 별로 변할 것이다.

죽음은 삽시간에 닥쳐올 수가 있음을 알아야 한다. 아마존강 유역을 개척하면 이 땅 위의 산소 생산량이 엄청나게 줄어든다고 한다.

아마존의 숲에서 만들어 내는 산소, 바다 위에 떠있는 플랑크톤들이 만들어 내는 산소, 그리고 나머지는 지구를 뒤덮고 있는 숲에서 우리가 숨쉴 수 있는 산소를 만들어 내고 있는데, 숲의 면적은 날로 줄어들고, 산소를 필요로 하는 인간들의 수효는 날로 기하급수로 늘어나고, 산소를 없애고 유독개스를 내뿜은 자동차들은 무서운 속도로 그 수효가 늘어나고 있으니 산소가 부족해질 날도 멀지 않다고 여겨진다.

산소를 소모하지 않는 전기 자동차가 좀 더 빨리 보급될 필요가 있다고 생각한다.

지구가 자연 그대로라면, 앞으로 4, 5억년은 더 생존할 수 있지만, 지금대로 무분별한 인간의 관리에 맡겨두면, 중년남자가 고혈압으로 쓰러지듯이 어느 날 갑자기 핵전쟁으로 죽게 될지도 모르고, 그렇지 않더라도 늘어나는 공해로 말미암아 지구 위에 살고 있는 모든 생물들이 그 자취를 감출 날도 멀지 않다고 생각된다.

우리가 자연 환경을 학대하면 반드시 그 보복을 받게 마련이다. 사람들은 어째서 그린벨트가 필요한지를 잘 모르고 있는 것 같다.

1천만명이 넘는 서울 사람들에게 필요한 산소가 어디서 생산되는지 한번 깊이 생각해 볼 문제이다.

지구의 입장에서 볼 때, 우리네 인간들은 일종의 악성(惡性) 병원균(病院菌)과 같은 존재가 아닐까라고도 생각해 본다.

우리네 인간들이 지구를 완전히 죽게 하기 전에 지구는 스스로 자구책을 쓸 수도 있다고 생각한다.

지구와 같은 거대한 마음은 얼마든지 인간들의 마음을 조절할 수도 있기 때문에 필요한 인간들의 마음을 움직여서 인간이 스스로 자멸의 길을 가도록 할수도 있다고 생각한다.

이번에 일어났던 걸프 전쟁도 그 좋은 예라고 생각된다. 광대한 국토와 풍부한 석유자원을 가진 이라크가 쿠웨이트와 같은 작은 나라를 탐내서 점령했다는 것이 우리네 한국인의 처지로는 도저히 이해가 되지 않는 행동이다.

7. 사고로 죽는 것은 전생의 업보

흔히들 우리는 죽고 사는 것은 하늘의 뜻이라는 말을 자주 한다. 또한 목숨은 분명 하늘이 주는 것이기에 거두어 가는 것도 하늘의 뜻이라고 말한다.

이 말이 사실이라면, 우리는 자기 마음대로 죽을 수도 없고 또한 살수도 없다는 뜻이 된다. 과연 그것은 사실일까?

나는 사실이라고 믿는다.

지난 60여년 동안에 겪은 수많은 경험을 통하여 나는 이 사실을 믿게 되었다. 우선 내 경우만 보아도 적어도 일곱번 이상 죽을 뻔한 일이 있었고, 그 가운데 세번은 실제로 숨을 거두었으나 얼마 뒤에 다시 살아나고 말았다.

열시간 가까이 많은 사람들이 보는 가운데 죽어 있다가 다시 살아난 경우도 있었던게 사실이다. 〔주:이것은 일본에서 있었던 일이다.〕

적어도 나의 경우는 마음대로 죽을 수는 없다는 것을 뼈저리게 체험한 셈이 된다.

얼마 전 일이다.

아버지와 어머니와 큰 아들로 이루어진 한 가족이 나를 찾아온 일이 있었다.

말 없이 젊은이의 사진을 내 앞에 내어 놓았다. 얼른 보기에 살아 있는 사람 같지가 않았다. 그래서 나는 물었다.

"살아 있습니까?"

"아닌데요."

"사고로 죽었나요?"

"그렇습니다."

"혹시 교통사고나 물에 빠져 죽은게 아닐까요?"

나의 이 말이 떨어지는 순간, 어머니는 울음을 터뜨렸다. 나는 젊은이의 사진을 지켜보면서 내 자신의 영파를 지우고 젊은이 자신으로 변신을 시켰다.

바닷가에 서 있던 젊은이가 물속으로 들어서는 순간, 난데없이 물 속에서 한 젊은 여인이 솟아올라와 젊은이의 한쪽 발목을 잡았다.

"저예요, 오래 전 부터 당신을 기다리고 있었어요."

젊은이는 너무나 놀란 나머지 심장마비를 일으켜서 그 자리에 쓰러지고 말았다.

"선생님 말씀이 맞습니다. 제 아들은 수영을 하다 익사한게 아닙니다. 얕은 바닷 물 속에 들어선 순간, 심장마비를 일으켰던 것입니다."

하고 아버지가 이야기했다.

둘째 아들은 심장병을 앓고 있었던 것도 아닐뿐 아니라, 장래를 촉망받던 수영선수였다고 했다. 바닷물 속에 걸어들어간 순간, 심장마비를 일으킨다는 것은 상식으로서는 도저히 믿을 수 없는 일이다. 실제로 그런 일이 일어났었기에 무엇인가 여기에는 심령적인 원인이 있는 것 같아 나를 찾아왔다는 이야기였다.

"댁의 아드님은 전생에서 한 여자를 사랑했었습니다. 그러나 부모님들이 완강하게 반대하는 바람에 그 처녀는 가까운 바다에 투신자살했던 것입니다. 젊은이의 아버지는 말했습니다. '우리가 반대한다고 죽을 것 까지야 뭐 있나? 그런 싸가지 없는 계집은 잘 죽었느니라. 너도 이제는 딴 생각말고 내가 천거하는 아이와 결혼해라.' 그때의 아버지가 바로 선생이십니다. 딸을 잃은 부모의 슬픔을 조금만 생각했어도 그런 무정한 말씀은 하지 않았을 것입니다.

그런 말씀을 한 죄 때문에' 아들을 잃는 슬픔을 겪게 된것이고, 그때 바다에 빠져 죽은 처녀가 이번에 아드님을 데려간 것이고, 지금 그들은 남해(南海) 용궁의 손님으로 잘 지내고 있습니다. 그리고 선생께서 전생의 잘못을 진정으로 뉘우치신다면, 큰 아드님이 결혼한 뒤에 손자로서 다시 태어나게 할 수도 있다고 생각합니다. 그렇게 되면 죽은 둘째 아드님과 똑같은 모습을 가진 아이가 태어나게 될것입니다. 죽었다는 것은 잠시 우리 눈에 안보이는 세계로 옮겨갔다는 것에 지나지 않습니다. 너무 슬퍼하지 마십시오. 여러분이 진정으로 원한다면 다시 만날 수 있게 될것입니다."

하고 나는 위로했다.

"그리고 선생은 '옴 진동수'가족이 되었기 때문에 수명이 20년 연장되게 된 것입니다. 지금대로라면 선생은 지금부터 10년 안에 술 좌석에 몹시 화를 내다가 심장마비를 일으켜서 돌아가실 운명인데, 성격이 변화되어 수명이 연장되는 것이고 이것은 죽은 아드님 덕분이라고 할수가 있습니다. 아드님이 그런 사고로 죽지 않았으면 댁의 식구들이 저를 찾지도 않았을게고 '옴 진동수' 가족이 될 까닭도 없었던 것이니까요. 아드님이 일찍 죽은 대신 아버지의 목숨이 연명된 것이죠."

하고 나는 설명했다.

"모든게 운명이군요. 저희를 깨우쳐 주기 위하여 아들은 죽은 것이군요."

하고 흐느끼던 어머니도 눈물을 거두었다.

나는 믿는다.

이 세상에 결코 우연은 없다고, —— 그리고 사람이 사고로 죽는 것은 반드시 전생에 그럴만한 원인을 만들었기 때문에 일어나는 일임을 우리 모두가 알아야 한다고 생각한다.

사람이 어떤 경유로 죽게 되는가는 거의 전생에 저지른 일이 원인이 되는 것이기 때문이다. 이 세상에 더 살아야 할 필요가 있는 사람은 아무리 위급한 경지에 빠져도 구사일생(九死一生)으로 살아난다는 사실을 모두 명심해 주기 바란다.

12. 삼생(三生)의 인연과 부부

부처님 말씀에 따르면 길가에서 옷깃이 스치는 데도 삼생(三生)의 인연이 있어야 한다고 하셨다. 그 말씀이 사실일까? 나는 사실이라고 생각한다.

여기에 대한 몇가지 나의 체험담을 소개해 볼까 한다.

일본의 작가인 구영환씨를 만나고 싶어서 미리 편지와 책도 보냈다. 일본에 가서 그가 경영하는 호텔에 머물면서 연락을 하여 사무실까지 찾아갔으나 그는 끝내 나를 만나주지 않았다.

못만날 이유가 없는데도 그는 면담을 해 주지 않았다. 나는 그와 인연이 없는 것을 알고 그냥 돌아서는 수 밖에 없었다.

나는 부부가 되는 것은 여러 생애에 걸친 인연이 있어서 비로소 가능하다고 생각한다.

부부생활(성생활)도 인연이 다 되면 애정이 있어도 서로 멀어지는게 아닌가 생각된다. 나는 예순이 넘으면서 아내하고는 거의 아무런 교섭도 갖지 않게 되었는데, 그렇다고 두 사람 사이에 애정이 없어진 것은 결코 아니다.

요즘에 와서는 부부교섭이 없는 것이 정상이 되고 보니 30년 동안 부부생활을 한 기억도 아리숭하기만 하다.

성년(成年)이 된 자식들을 보면, 우리는 오랫동안 부부생활을 해온게 확실한데 도무지 그 기억이 점점 흐려져 가고 있는 것이다. 요즘에 와서는 옛날부터 그저 정다운 남매처럼 살아온 것과 같은 착각마저 들 지경이다. 성적인 관계를 갖는 인연이 다 된 탓이라고 생각한다.

사별(死別)을 하지 않더라도 인연이 다 되면 우리와 같이 되는게 흔한 경우라고 생각된다.

이것은 또 다른 이야기인데, 나는 오래 전부터 집안에서 새와 붕어들을 길러왔었다. 그런데 이상하게도 나에게 좋지 않은 일이 생길 양이면 기르던 붕어들과 새들이 떼죽음을 하곤 한다.

나대신 화를 입고 대신 간것이 아닌가 생각하고, 나는 늘 가슴 아파하고 있다.

얼마 전 일이었다.

집에서 기르던 왕관 잉꼬새들이 죽고, 한마리가 남았는데 새장이 너무 더러워서 청소를 하다가 날려보냈다.

새는 날개가 있는 동물이다.

일단 둥지 밖을 떠난 새는 잡을 길이 없게 마련이다. 집에서 기르던 새라 결국 날아다니다가 지쳐서 죽거나 사람들 손에 잡히기 쉬우리라고 생각되었다.

"혹시 모르지, 아직도 나하고 인연이 남아 있다면 누구 손에 잡혀서 되돌아올지도 모르지."

하고 나는 여사무원 앞에서 이렇게 혼자 말하듯이 지껄였다.

그런데 이 새가 멀리 날아가 지쳐서 앉아 있는 것을 우리집에 자주 오는 전기공 아저씨가 잡았고, 문득 우리 집 새장이 비어 있는 것을 본 기억이 나서 가져 왔는데, 알고보니 우리 집 새장에서 탈출한 바로 그 왕관 잉꼬였다.

확률적으로 보아도 거의 불가능에 가까운 일이 아닐 수 없었다.

새와 같은 미물도 주인인 나와 인연이 다하지 않았기 때문에 다시 제 집에 돌아온게 아닌가 하고 생각되었다.

젊디 젊은 여인이 50대가 넘은 유부남을 사랑하게 되어서 헤어지지 못하고 고민하는 경우도 보았다.

알고보니 전생(前生)에 멸문지화(滅門之禍)를 당한 친구의 딸을 몰래 데려다가 기른 양딸과 양아버지의 관계였다.

양딸은 다 자란 뒤에 친아버지가 아닌 것을 알고 사모했으나 뜻을 이룰 길이 없었는데, 이번 생애에서 기어이 사랑하는 사이가 되고만 경우였다.

인연이란 정말 이상한 것이라고 생각이 든다.

이루지 못한 욕망이 결국은 생사(生死)를 넘어서 두 남녀를 맺어주는 인연의 줄이 되기 때문이다

제 4 장
우연은 없다

1. 대자연에 선악은 없다

부처님의 말씀에 의하면 길가에서 옷소매가 스치는 데도 3생애에 걸친 인연이 없으면 이루어질 수 없다고 했다.

나는 전에는 이 말씀을 하나의 비유로만 생각했었는데 지난 23년 동안 수많은 사람들과 인생상담을 하는 가운데, 부처님의 이 말씀이 틀림없는 사실임을 믿게 되었다.

우선 인연이 없는 사람은, 멀리 지방에서 올라온 사람도 내가 아침에 외출했다가 길이 막혀서 조금 늦게 돌아와 보면 불과 5분 차이로 차분히 기다리지 못하고 가버리는 경우가 많다.

요즘처럼 교통량이 폭주하다가 보면 30분도 안걸리는 거리에서 한시간 이상을 소비하는 경우가 허다하다. 자기가 필요해서 찾아갔는데도 불구하고, 또 예약하고 찾아 온 것도 아닌데도, 사람에 따라서는 조금도 기다리지 못하고, 내가 시간을 지키지 않는다고 고래고래 소리를 지르고 사기꾼이라고 인격적인 모욕을 하고 돌아가는 이들도 더러 있는데, 이런 사람들은 만나 보았자 별 수 없는 경우라고 생각된다.

심지어 어떤 사람은 우리 연구원 앞을 세번씩이나 지나가면서도 간판을 보지 못했다고 서울역에서 서운하다는 이야기를 전화로 걸어오는 경우도 있다.

나도 최근에는 시간을 엄수하려고 무던히 애를 쓰나 30분 가량은 차질이 생기는 경우가 많다. 역시 인연이 없는 사람은 만나기도 어렵다는 것을 매일 실감하면서 지내고 있는게 요즘의 나의 생활이다.

또 다행히 직접 면담을 하게 되어도 인연이 없는 사람은 영사가 잘 되지가 않는다. 나의 정신상태가 안좋을때 찾아오는 이도 역시 인연이 없는 사람이라고 생각된다.

정말 인연이 있는 사람은 무슨 사정이 있어서 되돌아 가도 실망을 하지 않고 꼭 다시 찾아오게 된다.

또한 만나보면 거의 대부분이 나의 수많은 전생에서 무엇인가와 관련있던 사람인 경우가 많다. 손님의 영파가 동조를 하면 그가 누구였었다는 것을 알게 됨과 동시에, 또 하나의 내자신의 전생을 찾게 되는 경우가 많다.

덕분에 나는 나에게 수많은 전생이 있음을 알게 됨과 동시에 내가 전생에서 많은 업장을 지었음을 알게 된 것도 사실이다. 내가 수많은 전생에서 많은 사람들을 죽게 하였기 때문에, 이번 생애에서는 수많은 사람들의 목숨을 건지는 일을 하게 된게 분명하다고 생각한다.

그런 점에서 보면, 나를 찾아오는 수많은 손님들은 어느 면으로 보아 나보다는 전생에서 덜 죄를 지은 사람들일 뿐더러 또한 저마다 한두가지씩 나에게 귀중한 교훈을 안겨주니, 그들 편에서 보면 내가 스승이 될지 모르나, 내 편에서 보면 오히려 그들이 내 스승이 되는 셈이다.

나의 인생관은 하루가 일생이라고 생각하고 있다. 아침에 눈을 뜨면 다시 태어남이고, 저녁에 잠들면 일생을 끝내는 셈이다. 하루 하루 나는 새로운 것을 배우고 깨닫고 산다. 나의 육체는 어쩔수 없이 자연의 법칙을 따라서 늙어가고 있지만, 내 마음은 아직도 하루하루 성장을 하고 있다고 생각한다.

죽는 날까지 나의 영혼은 성장을 거듭할 것이라고 생각한다. 나도 얼마 전 까지는 '나 아니면 안된다'는 고질병을 앓고 있었는데 요즘에 와서 그 병에서 완전히 해방되었다고 생각한다.

세상만사 사람마다 운명이 다르고, 할 수 있는 일과 할수 없는 일이 분명히 있을 뿐더러 설사 할수 있다고 해도 해서는 안되는 일이 있음을 분명히 깨닫게 된 것이다.

또한, 머리나 지식으로서 알고 있는 것과 생생한 체험을 통하여 깨닫는다는 것은 차원이 다르다는 것도 분명히 알게 되었다.

사람이란 평소에 어떤 뚜렷한 신념이 있다가도, 뜻밖의 강한 충격을 거듭 당하게 되면 그 신념이 흔들리게 된다는 것은 거의 예외가 없다고 생각된다.

혹시 여지껏 자기가 가져 온 신념이 잘못된 생각이 아니었던가, 망상이 아니었던가 하는 의심이 생겨나고, 자기가 여지껏 옳다고 생각하고 행하여 온 것들이 잘못된 판단이 아니었던가 느껴질 때, 사람은 누구나 당황하게 마련이다.

나도 최근 2~3년 동안, 뜻하지 않은 많은 불행한 일을 당한 끝에 내가 믿어 온 생각과 행한 일들에 대해 철저하게 반성한 나머지, 내가 하는 일에 대하여 큰 회의를 느끼게 되어 한때는 은퇴할까 하는 생각을 심각하게 검토한 일도 있었다.

그러나, 위기의 고비를 넘기고 나니 오히려 그 전에 믿어 온 생각과 행한 일들이 옳았었다는 신념을 되찾을 수 있게 되었다.

더 큰 발전을 위하여 몇걸음 후퇴하고 자기반성을 할 기회를 하늘이 준 것이라는 판단을 내릴 수가 있어서 여간 다행스럽지가 않다.

역시 나는 다른 일반인들과는 다른 특수한 사명을 띠고 이 세상에 태어났다는 것, 절대 교만하지 말고 겸허한 마음으로 구도자(求道者)의 길을 가야겠다고 새삼 마음을 다져 먹고 있는 요즈음이다.

우연은 없다는 이야기와 함께 사람과 사람의 만남은 인연으로 맺어진 것이고 선악(善惡)의 개념은 인간이 만든 것이오, 대자연에는 선악이 없다는 것을 요즘에 생각하고 있다.

특히, 남녀의 인연은 어느 의미에서 선악을 초월한 것이고, 불륜(不倫)이란 인간이 만든 사회질서를 파괴함을 뜻함이며, 가정의 평화를 유지하고 사회질서를 파괴하지 않은 남녀의 애정관계야말로 우리 사회를 성립시키는 기본임을 깨닫게 된 요즘이다. 그런 이야기를 몇가지 실례를 들어 볼까 한다.

2. 중년 남자의 사랑

최근에 있었던 일이다.

외모로 보아서는 중년이라고 하기 보다는 이미 초로(初老)에 접어든 아주 점잖은 인상을 지닌 한 신사가 나를 찾아온 일이 있었다. 요즘 사람답지 않게 반백의 수염까지 기른 아주 근엄한 인상을 주는 신사였다.

나는 첫눈에 그가 자녀문제나 사업문제 때문에 의논하러 온 것이거니 짐작했다. 허나 막상 그의 의논을 듣고 보니 뜻밖에도 그 자신의 애정문제 때문에 찾아온 것이어서 나는 크게 놀라지 않을 수 없었다.

알고보니 그는 지금 놀고 있는 처지였고, 서예가라고 했다. 부인은 교편을 잡고 있다고 했다. 사진을 보니 부인도 잘 생긴 중년부인이었다.

자녀들도 모두 잘 생긴 미남미녀였다.

모두가 효자효녀라고 했다.

도대체 이런 좋은 가족들을 거느린 가장인 그가 바람이 났다는게 나로서는 쉽게 믿어지지가 않았다.

더구나 애인인 여자는 37세의 노처녀라고 했다. 7년 전에 첫관계를 가졌고, 어려운 처지여서 서예를 지도하다가 여자편에서 적극적으로 유혹하는 바람에 어느덧 정신을 차려보니 헤어날 수 없는 깊은 관계가 되어 있었다는 이야기였다.

부인은 이 사실을 아느냐고 하니까 모른다고 했다. 부인하고는 부부관계를 계속하고 있느냐고 하니까 그렇지가 않다고 했다. 어느 때 부터인지 자연스럽게 멀어지더니 전혀 부부관계를 할 의욕을 느끼지 않게 되었고, 성욕도 전혀 느끼지 못하고 부인 앞에서는 발기가 불가능하다고 했다. 하지만 이상하게도 젊은 애인하고는 마치 젊었던 때와 같이 성관계를 가질 수 있다고 했다.

그는 때로는 자기가 두개의 인격의 소유자같은 생각이 든다고 했다.

아내하고 있을 때는 분명 노인이고, 애인과 함께 있을 때는 혈기왕성한 젊은이로 돌변하니 자기도 잘 이해가 되지 않는다고 했다.

애인과 정을 나누게 된지 올해로서 꼭 7년째가 된다고 했다. 그런데 요즘에 와서 애인의 마음이 많이 흔들리게 되었다고 했다.

자기 또래의 친구들이 모두 시집을 갔는데 자기만이 유부남인 노인과 정을 나누고 있는게 허전해졌고, 또 장래가 없다는 생각이 든 모양이라고 했다.

그런데 나를 찾아온 노신사는 7년씩이나 데리고 산 젊은 여자를 아무것도 모르는 다른 남자에게 시집보내는게 양심에 걸리기도 하려니와 한편으로는 정이 든 여자와 새삼스레 헤어진다는 것이 여간 고통스럽지가 않다는 이야기였다.

한마디로 이러지도 저러지도 못할 처지라고 했다. 자기는 아내에게 얹혀서 살고 있는 처지라, 젊은 애인의 노후대책을 세워줄 수 있는 입장도 아니라고 했다.

고민하던 나머지, 내가 쓴 《업장소멸》을 읽고 이 젊은 여인과 이런 관계를 맺게 된데는 필경 전생(前生)에서의 어떤 사연이 있을것 같아, 그 비밀을 알고 싶어서 찾아왔다는 이야기였다.

듣고 보니 정말 딱한 이야기였다.

머리가 이미 반백인 점잖은 노신사의 외모로 보아서는 그가 이런 고민을 갖고 있다는게 믿어지기가 어려운 느낌이었다.

사람은 겉만 보고서는 판단하기 어렵다는 느낌이 이렇게 강하게 들어보기도 나로서는 처음 겪는 일이었다.

나는 마음을 비워서 그의 영파에 동조를 했다. 그의 마음과 동조하여 나는 시간 속을 거슬러 올라갔다.

이조시대, 조광조(趙光祖)가 누명을 쓰고 처형이 되던 무렵, 이 노신사는 조정에서 근무하던 고급관리의 한 사람이었다.

조광조를 따르던 사람들 가운데 그와 절친한 친구가 있었다. 그는 분명 억울한 누명을 썼는데 그를 위해 이 노신사는 변명을 해주지 않았다. 자기도 연류될까 봐 겁이 났기 때문이었다.

그대신 노신사는 그 친구의 외동딸을 몰래 맡아서 양녀로 길러 주었다. 오랜 세월이 흐른뒤, 노신사의 친구는 억울한 누명을 쓰고 처형되었음이 밝혀졌다. 노신사는 양녀를 불러서 그녀의 근본을 밝혀 주었다.

그녀는 감격을 했다. 여지껏 아버지인 줄만 알고 믿고 따랐는데 그렇지가 않고 아버지의 친구였음이 밝혀지자 수양딸은 안타깝게 노신사를 사모하게 되었다. 이를 안 노신사는 몹시 당황하여 서둘러 시집을 보내야만 했다.

때마침 상처한 지 오래된 몸이었고, 노신사는 불륜(不倫)

의 관계를 맺게 될까 몹시 두려웠던 때문이었다.

그러나 시집간 딸은 끝내 행복하지가 못했다. 남몰래 수양아버지를 사모하면서 일생을 보냈다. 다음 생이 있다면 언젠가 한번은 지아비로 모시고 싶다는게 그녀의 변하지 않는 일편단심이었다.

이것이 처녀의 몸으로 그녀가 적극적으로 노신사를 유혹한 동기였다. 노신사는 내 이야기를 듣고 깊이 뉘우치는 점이 있는듯 했다.

"일부일처제가 정착한 것은 최근 100년 안에 일어난 일입니다. 영감님이 이 여인과 관계를 가짐으로서 집안에 풍파가 일어난다면 되도록 빨리 정리를 하십시오. 만일 그렇지가 않다면 죽을 때까지 아무도 모르게 살 자신이 있다면 그것도 괜찮겠지. 문제는 애정문제로 해서 다른 집안 식구들을 조금이라도 불행하게 한다면 그것은 분명한 불륜(不倫)이지만, 아무도 모른다면 없는 것과 같은 것이지요. 하지만 가장 좋은 방법은 이 젊은 여자를 실망시켜서 영감님이 버림을 받는 것이죠. 그것이 가장 현명한 처사라고 생각됩니다."

하고 나는 결론을 맺었다.

어딘지 이상한 남녀관계는 거의 전부가 전생에 그 뿌리가 있다는 하나의 좋은 본보기가 아닌가 생각된다.

우주법칙의 첫번째로 인과응보(因果應報)라는게 있다. 어떤 일도 원인이 없이는 발생하지 않는다는 이야기다. 나 자신이 지금 어떤 일로 해서 고통을 받고 있다면 그 원인은 언젠지 모를 지난날에 자기가 만든 것이라는 이야기다.

나에게 찾아와 인생상담을 해오는 사람들은 대체로 남자보다는 여성이 많다. 남편의 탈선, 빈번한 애정행각으로 해서 이혼 직전에 놓인 부인들, 또는 남편은 끔찍이 자기를 사랑하는데 까닭없이 남편이 싫어서 못살겠다는 아내 등, 애정 갈등에 대한 의논들이 많다.

그런데, 많은 부인들이 전생에는 남자였고, 부인을 괴롭힌 나머지, 이번에는 자기가 여자로 태어나서 고통을 받는 경우가 많다.

그런 경우를 몇가지 예로서 들어볼까 한다.

학교에서 교편을 잡고 있는 한 중년 부인이 나를 찾아온 일이 있었다. 결혼생활은 올해로서 11년째요, 본인은 고등학교의 영어선생이라고 했다.

남편은 일종의 아마추어 화가라고 했다. 때때로 그림을 그리기는 하나 일정한 수입이 없는 처지라고 했다.

그러니까 남편이 가족들의 부양책임을 지고 있는게 아니고 부인이 가족들의 생활을 책임지고 있는 보통 일반 가정과는 반대적인 경우였다.

게다가 남편은 바람둥이였다.

결혼한 후 벌써 네번째 여자를 편력했다고 했다.

부인의 이야기는 자기는 많은 친지와 하객들의 축복을 받고 결혼한 몸이라 되도록이면 가정을 깨고 싶지 않다고 했다. 남편은 2년 전에 어떤 노처녀와 놀아나서 가출했고, 그녀와의 사이에는 딸까지 낳다고 했다.

그런데 2년만에 남편이 다시 집으로 돌아오긴 했으나, 알고보니 몸만 돌아온 것이고, 마음은 여전히 다른 곳에 가 있으니, 이제는 더 이상 참을 수 없게 되었노라고 했다.

남편과 헤어지더라도 두 아이들은 계속해서 자기가 양육을 하겠노라고 했다.

부인의 이야기를 들으면 모두가 남편의 잘못일뿐, 그녀에게는 아무런 잘못도 없다는 이야기가 되는 셈이다. 그러나 나는 그렇게 생각하지 않는다.

부부 사이의 일은 남들은 모르는 것이고 깊이 살펴보면 불행도 행복도 양쪽이 반씩 책임지게 마련인 법이다.

만일 이승에서의 만남에 원인이 없다면 전생을 조사해 볼 필요가 있다. 이 경우도 그러했다. 부인의 말대로 남편은 병적인 난봉꾼이고, 부인에게는 아무런 잘못도 없다는 그녀의 생각은 옳은 것 같았다. 그러나 사실은 그렇지가 않았다.

내가 영사해 보니 이들 부부는 전생에서 부인이 남편이었고 남편은 그의 소실이었다. 본처가 죽자 소실은 당연히 자기가 후실로 앉혀질줄 알았다. 그러나 남편은 전혀 그럴 생각이 없었다.

남편은 소실에게는 한마디 의논도 하지 않고 처녀장가를 들었다.

'너는 소실일뿐 절대로 본처가 될수 있는 자질이 없다'는게 남편의 소실에 대한 각오였다. 그는 무엇이든 한번 자기가 옳다고 판단을 내리면 절대로 번복하지 않는 성격이었다.

분에 못이긴 소실은 남편의 집안에서 뛰쳐나가 술집의 작부가 되어 많은 남자들 사이를 전전하다가 불행한 일생을 마치고 말았다.

다음 생애가 있다면 반드시 남자로 태어나서 자기를 버린 남편을 여자로 변신케 하여 고통을 주리라고 저주를 했다. 그 결과 이들은 뒤바뀌어 태어난 터였다.

"부인은 겉모습은 가장 여성다운 분이지만 성격은 그렇지가 않군요. 한번 이렇다고 결정을 내리면 결코 변하는 일도 없고 그런 판단을 내린 것을 후회하지도 않는 성격 같은데, 내 판단이 맞습니까?"

하고 나는 반문을 했다.

부인은 내 말이 옳다고 했다.

"남편을 모시고 오세요. 그리고 오늘 한 이야기는 절대로 하셔서는 안됩니다. 사태를 더 악화시킬 가능성이 있기 때문입니다. 내가 두분이 함께 오면 이야기해 주겠다고 하더라고 말씀하세요. 그러면 며칠 안에 남편은 여기로 찾아오게 될것입니다."

하고 나는 부탁을 했다.

부인에게 진동수를 마시게 한 뒤,진동수로 열 한번 세수를 시켰더니 남자같던 인상이 사라지고 아주 고운 중년부인의 모습으로 변했다.

"사실은 남편이 먼저 선생님 책을 읽고 저에게 가보라고 해서 온 것입니다. 남편은 직접 찾아오는게 창피스러웠던 모양입니다."

하고 부인은 돌아갔다.

이로부터 며칠이 지난 뒤였다.

이 부인이 남편과 함께 다시 나를 찾아왔다. 그리고 남편은 딸까지 낳았다는 여인의 사진을 내 앞에 내어 놓았다.

나는 사진을 본 순간, 깜짝 놀라지 않을 수 없었다.

남편이 지난 2년 동안 함께 살았다는 그 여인의 인상이 너무도 본처와 같은 인상을 주었기 때문이었다.

"〈한 놈의 계집은 한 넝쿨에 열린다〉라는 옛 속담을 아십니까?"

하고 나는 남편에게 물었다.

그는 무슨 뜻인지 모르겠다는듯, 어리둥절한 표정으로 나를 쳐다보았다.

"처음에는 그렇지 않았겠지만, 함께 살고보니 어떻습니

까? 이 여인의 성격과 본부인의 성격이 같지 않던가요?"

하고 나는 물었다.

그는 그렇다고 했다.

"시간이 지나고 보니 어쩌면 제 아내와 똑 같은지 정말 놀랐습니다. 아내에게서 도망친다는 것이 또다시 아내와 똑같은 성격의 여자를 만나게 된 것이죠."

하고 그는 탄식했다.

"부인은 한번 이렇다 결정을 내리면 절대로 그 생각을 고치지 않고, 끝없이 열등감을 느끼게 하지 않던가요?

그래서 마음을 편안하게 해 주는 여자를 찾아서 여지껏 여성편력을 한게 아니었던가요?"

하고 나는 다그쳐 물었다.

그는 내 말을 솔직히 시인했다.

여기서 비로소 나는 그들 부부의 전생 관계를 이야기해 주었다.

"결국 지금의 두분의 운명은 두분의 전생에서의 행동에서 원인이 되었던 것입니다. 선생의 강력한 염력(念力)으로 해서 전생에서의 남편은 두 여자로 분신(分身)이 되어서 태어난 것이고, 두 여자를 다같이 괴롭힘으로써 전생에서의 한(恨)을 풀고 있는 것입니다."

두 사람은 말없이 내 앞에서 고개를 숙일 따름이었다.

"선생은 더 이상 이상적인 여자를 찾아서 헤매지 마십시오. 보다 많은 사람들을 불행하게 만들 뿐이고, 그 보복은 선생 자신이 이승서도 또 내세(來世)에서도 받게 마련입니다.

아마 내세에는 틀림없이 여자로 태어나서 많은 남자들에게서, 고통을 받으면서 불행한 일생을 보내게 될 것입니다. 이쯤해서 업장소멸을 하세요. 다시 말하면 여인과 헤어져서 완전히 부인에게로 돌아오거나, 아니면 부인에게 자유를 주시고, 본인이 뜻하는 길에서 성공하도록 최선을 다하십시오."

하고 나는 결론을 맺었다.

이들 부부는 고맙다고 인사를 하고 돌아갔으나, 그 뒤로는 아무런 연락이 없다. 악인연의 사슬을 풀고, 저마다 행복해지는 길을 가게 되기를 바라는 마음 간절하다.

이번에는 조금 색다른 경우를 소개해 볼까 한다. 한 직업여성이 있었다. 그녀는 30대 후반인데 여류사업가로서 꽤 성공한 독신녀였다. 경제적으로도 풍요했다. 사업도 잘 되어가고 있었다. 주위에서는 그녀를 사업과 결혼한 여자라고 했다.

생활에는 아무런 불편이 없었으나, 일이 끝나고 혼자 사는 넓은 아파트에 돌아오면 가슴을 파고드는 고독을 때로는 느낄 때가 있었다. 이런 그녀가 사랑을 했다.

자기 보다 두살이나 아래인 남자였다. 부인이 있었으나 2년 전에 교통사고로 죽었다고 했다. 그녀는 남자의 말 그대로 믿었다. 당연히 결혼할 것으로 생각하고 준비를 했다. 그러나 남자는 차일피일 결혼을 회피했다.

사업이 잘 안된다고 해서 그녀는 경제적으로도 남자를 많이 도와줬다. 그러나 결국 알고 보니 남자에게는 부인이 있었다. 심장병을 앓고 있는 부인었다.

2년 전에 교통사고 후유증으로 생긴 병이라고 했다. 이 때문에 이들 부부는 남이 된 지 오래라고 했다.

"내가 지금 그녀와 이혼하자고 하면 그녀는 정신적인 충격때문에 심장마비를 일으킬게 분명합니다. 내가 아무리 당신을 사랑해도 한 여자를 우리의 결혼때문에 죽게 할 수는 없지 않소?"

하고 남자는 그저 기다려 달라고 애원할 뿐이었다. 남자의 이야기를 듣고 보니 심장병을 앓고 있는 그의 부인이 새삼 불쌍한 생각이 들기도 했다.

그렇다고 남자하고 헤어질 생각은 들지 않았다. 사업하는 데만 온 정성을 쏟아 온 그녀에게는 이 남자가 첫사랑이었기 때문이었다.

"여지껏 저는 떳떳하고 당당하게 살아온 몸입니다. 그런데 왜 이제와서 나는 떳떳지 못한 첩의 신세에 만족해야 하는 거죠. 그것도 남자의 뒷바라지를 하노라 많은 돈을 대어주면서까지 말입니까?"

하고 부인은 울부짖듯이 하소연 했다. 내가 쓴《인과응보》와《업장소멸》을 읽고, 자기의 전생이 어떠했는지 알고 싶다고 했다.

나는 그녀를 영사한 다음에 이야기했다.

"당신은 전생에 인조대왕(仁祖大王)의 따님들 가운데 한 사람이었죠. 공주가 아닌 후궁 몸에서 태어난 옹주였죠. 경상도 안동땅 어느 양반댁 아들이 청지기의 딸과 정을 맺었으나 서로 지체가 달라 혼인을 하지 못했네요. 과거에 급제를 하면 첩실로 들어오게 해주고 새장가를 가도록 하라고 부모는 이야기했는데 대과(大科)에 급제를 하여 상감에 알현한 자리에서 그만 상감님의 마음에 들어 꼼짝없이 공주부마가 되었던 것이죠. 그러니까 먼저 살던 청지기 딸 이야기는 입밖에도 낼수 없는 처지가 되었던 거죠.

옹주와 부마는 덤덤하게 살았고 어느날 밤, 옹주의 시녀는 부마가 담장을 넘어 가는 것을 목격했죠. 시녀는 당연히 옹주에게 이 사실을 고해 바쳤고, 옹주의 명령을 받은 머슴이 불침범으로 섰다가 부마 월장하는 것을 보고 그 뒤를 밟아, 부마가 따로 살림을 차린 청지기 딸이 사는 집으로 들어가는 것을 확인했지요. 다음날 집안은 발칵 뒤집혀지고, 부마는 옹주 앞에서 다시는 청지기 딸을 만나지 않겠노라고 맹서를 했죠. 옹주는 청지기 딸을 불러다가 곤장 백대를 때리니 청지기 딸은 옹주를 저주하면서 그 자리에서 숨졌지요. 청지기가 청지기 자리에서 떨려난 것은 말할 것도 없구요."

하고 나는 그녀의 얼굴을 바라다 보았다.

"그런 전생의 업보로 제가 첩의 신세가 된 것이로군요. 이 업장을 해결하려면 남자를 놓아주는 수 밖에 없겠군요."

하고 그녀는 눈물을 흘렸다.

이 예에서도 알수 있듯이 남녀의 끈끈한 인연은 죽음을 넘어서도 계속된다는 것을 알수 있을 것이다.

애정문제 때문에 고민하다가 나를 찾아오는 이들을 보면 구별없이 전생의 복잡한 인연이 얼키고 설켜 있음을 알수가 있다. 그래서 나는 남녀 관계는 일반적인 선악관념으로는 판단하기 어려운 뿌리 깊은 것임을 깨닫게 된 것이었다.

여러 번의 생애에 걸쳐서 여승이었다든가, 수녀였다든가, 비구승이었던 사람들은 대체로 이성(異性)과 인연이 없는 것도 사실이다.

3. 전생(前生)은 존재하는가?

지금으로부터 100년 전만 해도 인간에게 영혼이 있음을 의심하는 이는 거의 없었던 것으로 생각된다. 특별히 불교신자가 아니더라도 인간에게는 영혼이 있다는 사실, 죽으면 저승사자의 안내로 저승으로 떠나야 되며, 저승에 갔던 영혼이 다시 갓난애로 태어난다는 것을 의심하는 이는 거의 없었던 것이다.

죽은 사람으로서, 그 영혼이 지옥에 떨어진 사람도 죽은지 돌이 되면 저승사자의 안내를 받아서 자기 집에 제사밥을 먹기 위해 돌아온다는 것을 모두 믿었기에 어려운 살림 속에서도 조상의 제사는 깍듯이 모셨던 것이 우리네의 오랜 전통이었다.

그런데 요즘 사람들은 영혼의 존재를 믿는 이 보다는 안믿는 이가 더 많은게 사실인 것이다.

특히 기독교 신자들인 경우에는 제사를 지내지 않는다. 죽은 이의 돌이 되면 살아 있는 가족들이 모여서 죽은 사람을 기리는 추도식을 열고 기도를 하고 찬송가를 부를 뿐, 제사상를 차리는 일은 없는 것이 일반적이다. 이것은 산 사람들의 죽은 이를 추모하는 모임일뿐, 전통적인 의미에서의 제사는 결코 아니라고 생각한다. 제사를 지내는 것이 번거로워서 기독교로 개종(改宗)하는 이도 많다는 이야기를 들었다.

허기야 살아 있는 노부모도 모시지 않는데 죽은 조상에 관심이 있을 까닭이 없다고도 생각된다. 그러나 사람은 누구나 언젠가는 죽게 마련이다.

본인이 죽어서 저승에 가면 제사밥을 얻어먹지 못하게 되게 마련이고, 그때가서 후회해야 소용없는 일이다.

나는 생각한다. 세상에서 가장 큰 죄의 하나는 잘못된 것을 진리(眞理)인양 전하는 일이라고 생각한다. 기독교의 사상에 의하면 예수님을 통해서만 구원을 얻을 수 있다고 했다.

우리나라에 기독교가 들어온 것은 겨우 백여년 밖에 안되는데, 그렇다면 그전에 살았던 착한 사람들의 영혼은 구원을 받지 못했다는 이야기가 되는 셈이다.

기독교의 이론에 의하면, 사람은 죽어서 떠날 뿐, 새로 태어나는 어린이들의 영혼이 어디서 오는지에 대하여는 전혀 납득될 만한 설명이 없다.

엄격한 의미에서 보면, 기독교는 인간의 영혼의 윤회법칙을 인정치 않고 오직 하나님의 존재만을 믿는 매우 독선적인 종교임이 확실하다.

기독교는 어디까지나 유태인의 세계에서 발생한 민족종교였던 것이며, 로마 제국이 이 종교를 국교로 인정함으로써 세계 종교가 된 것이 사실이다.

한국인들은 어디까지나 한국인이지 유태인의 후손은 아닌데 어째서 그들의 종교가 우리 종교가 되었는지 알 수가 없다.

예수님의 박애사상을 믿고 실천하는 것은 좋지만, 너무 기독교를 맹신하는 데는 큰 문제가 있다고 생각된다.

더구나 얼마 전에 세상을 떠들썩하게 만든 휴거 사상은 정말 얼토당토 않는 망상(妄想)이라고 나는 생각한다.

공해물질이 몸 안에 누적되어서 어느 한계에 달하면 인간은 과로사(過勞死)의 형태로 갑자기 죽게 되는데, 이것을 예방하는 방법을 현대과학에서는 아직 찾아내지 못했는데 내가 발견한 '옴 진동수'를 계속 복용하면 절대로 공해로 죽는 일은 없다고 나는 믿는다. 이것은 훨씬 과학적인 이야기지만 휴거는 정말 망상에 지나지 않는다고 나는 생각한다.

동서양의 모든 종교는 인간의 영혼은 영생불멸의 존재라고 했다. 육체란 이승에서 영혼이 살아가기 위해 겉에 걸치는 옷과 같은 것이라고 했고, 옷이 더러워지면 다시 바꾸어 입듯이 옷을 벗어버리는게 곧 죽음이라고 했다.

그러기에 죽음은 새로운 삶을 위한 출발을 뜻하는 것이라고도 했다.

지금도 일부 종교에서는 죽음은 슬퍼할 일이 아니라고 주장하는 종파도 있는게 사실이다. 그런데 인간은 언제부터인지 물질만능 사상을 갖게 되면서 부터 영혼의 존재를 믿지 않게 되었다고 생각된다. 영혼을 믿지 않는 사람들에게 죽음은 새로운 인생의 출발점이 될수 없고 곧 종말을 뜻하게 된다.

무슨 짓을 하든, 법망에만 안 걸리게 돈을 벌면 된다는 사상이 우리가 지켜온 도덕을 타락시켰고, 그래서 세상은 날이 갈수록 살기 어렵게 되어가고 있다고 생각한다.

어제가 있어서 오늘이 있고, 오늘이 있어서 내일이 있듯이, 우리의 영혼은 그 겉모습인 육체만 바꿀 뿐, 영속되는 생명체이다.

이 우주는 눈에 보이지 않는 우주 곧 다차원세계(多次元世

界)와 눈에 보이는 물질우주가 공존(共存)하는 세계이고, 오히려 우주의 본질로 보면 보이지 않는 세계가 더 크다는 것을 알아야 한다.

오늘날의 과학은 눈에 보이는 물질세계만을 존재하는 우주의 전부라고 보기 때문에 불완전한 과학을 못 면하고 있는 것이라고 생각된다.

우주 공간에는 무한한 전자력(電磁力)에너지가 충만되어 있으나, 오늘날의 과학은 그것을 이용하지 못하고 있다. 물질에서 불완전하게 에너지를 끄집어낼 뿐, 눈에 보이지 않는 전자력으로 물질을 만들어 내지는 못하는게 오늘날의 과학인 것이다.

물질을 순수한 형태의 에너지로 바꿀 수 있다면, 세계의 산적해 있는 쓰레기의 문제는 간단하게 해결되리라고 생각된다. 또한 에너지 위기도 쉽게 극복될 것이다.

이야기가 또 옆으로 빗나갔기에 본론으로 돌아온다.

우리는 작년에 있었던 일은 고사하고 나이가 들면 어제 있었던 일, 아니 방금 전에 겪은 일도 잘 기억하지 못하게 된다. 이와 마찬가지로 우리가 전생(前生)을 기억하지 못한다고 해서 전생이 존재하지 않는다는 증거가 되는 것은 아니다.

인간의 영혼이 영속하는 존재이고, 이 우주에는 분명히 인과응보, 공생공존, 불간섭의 원칙이 존재할 뿐더러 엄격하게 지켜지고 있다는 것, 우리의 문명이 지금 파국(破局)으로 치닫고 있는 것은 이 우주법칙의 존재를 모르고 있고, 또 이것을 지키고 있지 않는 그 반작용(反作用) 때문임을 모두 알게 된다면 세상은 훨씬 살기 좋게 변화되리라고 생각한다.

그리고, 인간에게 다시 도덕성이 회복되게 될 것이다.

〈필요한 것을 빼어라!〉—이것은 오늘날의 서구사상인데, 이것이 무신론(無神論)과 결부되면서 도덕율(道德律)을 파괴하여 세계를 파멸로 치닫게 만든 큰 원인이 됐다고 생각한다.

인간에게 전생이 있다는 것은 분명한 사실임을 모두가 믿어야 될 것이다. 죽으면 모든게 끝나는게 아니라, 저승으로 가서 이승에서 행한 일에 대하여 심판을 받고, 새로운 인생을 출발하기 위한 준비기간으로 들어간다는 사실을 우리 모두가 명심할 필요가 있다.

4. 후생(後生)에 대하여

인간에게 분명 전생이 있다면 죽은 뒤에는 어떻게 될 것일까 하는 당연한 의문이 생겨난다. 몇번 말했지만, 우리가 살고 있는 이 우주에는 전체 우주를 관장하는 분이 있고, 우주를 다스리는 세가지 법칙이 있다.

그 첫째가 인과응보, 곧 원인이 있으면 반드시 그 결과가 뒤따른다는 것, 우주의 모든 생명체는 서로 도우면서 살아가게 되어 있어 공생공존(共生共存)해야 한다는 것, 그리고 그 다음에 제일 이해하기 어려운게 불간섭의 법칙이다.

그러니까 우리의 후생은 우리가 이승에서 어떤 원인을 만들었느냐에 의해 결정되게 마련이다. 이승에서 아내를 비롯한 많은 여성에게 고통을 준 사람은 다음 후생에서는 어김없이 여성으로 태어나 여성이 받는 모든 고통을 받게 된다. 전생에서 자기가 괴롭힌 아내가 후생에서 남편이 되어서 군림하고, 바람을 피워서 고통을 주는 것이다.

자기가 억울하다고 생각하고 계속해서 남편을 원망하면 그 고통이 계속되지만, 윤회의 법칙을 깨닫고 전생에 있었던 잘못을 뉘우치면, 대개의 경우 상대방의 태도에 변화가 온다. 즉, 상대방을 변하게 하려면 자기 자신이 먼저 변하면 된다는 것을 이해하기 바란다.

나는 전생에서 살생의 업을 많이 지은 사람이다. 그러기에 이번 생에서는 수많은 사람들을 내가 찾아낸 체질개선법을 활용하여 살려주고 있는 것이라고 생각한다. 하늘이 나에게 여러가지 초능력을 준 것도 이 일을 하도록 하기 위함이라고 생각한다.

또한 과거에는 우주법칙을 잘못 해석하고 잘못 전달했으므로 이번 생애에서는 우주법칙을 바로 깨닫고 바로 전하는 일에 신명을 바치는 입장이 된 것이라고 짐작된다.

전생에서 나는 책을 쓴 일이 없다고 생각된다. 입으로만 전했기에 많은 진리를 와전시켰고, 그러기에 이번 생애에서는 내가 직접 글을 쓰는 입장이 된것이 아닌가 라고도 생각된다. 잘 모르는 사람들은 나를 대단한 존재로 아는 이들도 더러 있지만, 사실 알고 보면 그렇지가 않고 그 반대라고 생각된다. 지금 이 세상에 살아 있는 어느 누구보다도 과거세에서 우주법칙을 많이 어겼고, 많은 죄를 지은 게 아닌가 생각된다.

나는 살아 있는 한, 최선을 다해 사람들을 도와줌으로써 그 많은 전생에서 지은 죄들을 깨끗이 청산하려고 생각한다. 모든 초능력이 필요하지 않은 평범한 사람으로 돌아가, 죽기 얼마 동안만이라도 내 신변만 돌보고 살아갈 수 있는 평범한 인간으로 돌아갔으면 한다.

그 소망이 과연 이루어질 수 있을지 지금은 막연하지만 숨이 붙어 있는 한 최선을 다할 결심이다.

초능력을 개발하면 하늘은 그대로 두지 않는다. 스스로의 전생이 무엇인지 깨닫게 함으로써 속죄의 길을 달려가게 한다는 것, 알면 병이요, 모르는게 약이라는 말을 모두 명심해 주시기 바란다.

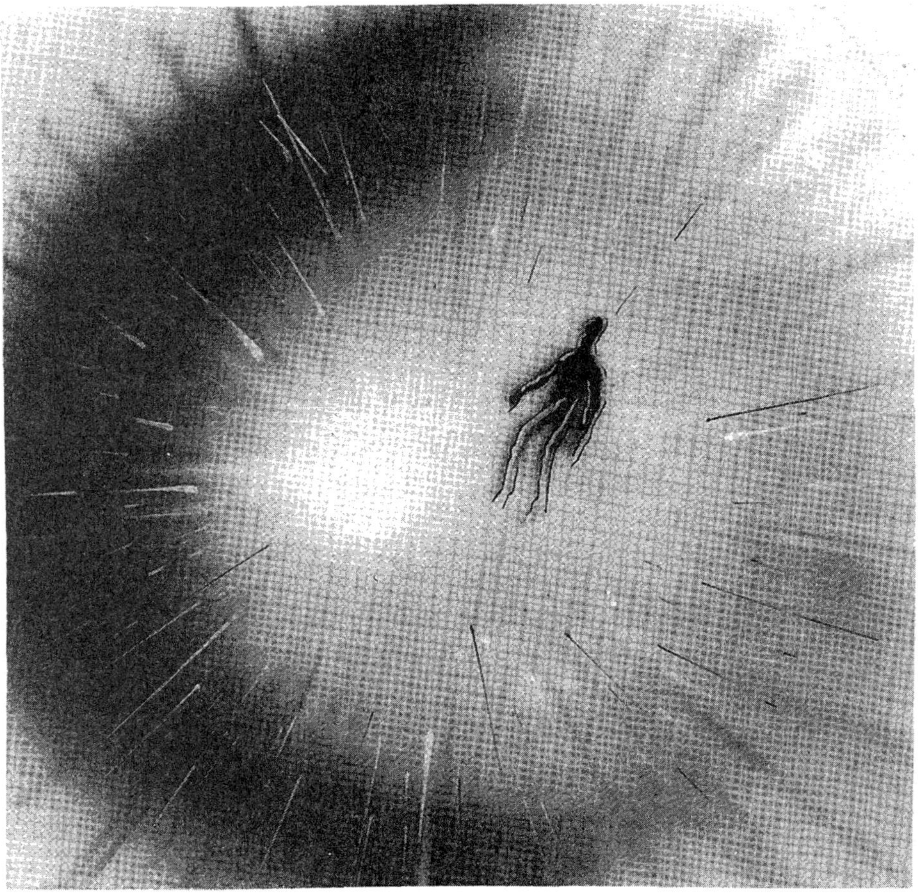

제 5 장
그대 비록 삼생의 인연이 있을지라도

삼생(三生)의 인연

한 남자와 한 여자가 만나 가정을 이루면서 자식을 낳고 살아가는 것이 알고 보면 우연히 일어나는 일이 아니다. 거의 모두가 전생으로 부터의 깊은 인연이 있기 때문인 것이다. 그러나 그 인연이 반드시 좋은 인연만이라고 생각할 수 없는 면도 있는 것이다.

오히려, 좋은 인연은 아니고 아주 나쁜 인연이기에 맺어지는 경우도 많다고 생각된다. 여자를 잘못 만나서 일생을 망친 남자, 또 그 반대의 경우도 얼마든지 있기 때문이다.

또한 아무리 좋은 인연으로 두 사람이 맺어져도 상대방을 잘못 다루면 피해를 입고 헤어지는 경우도 있게 마련이다. 그런 여러가지 경우들을 차례로 소개하여 볼까 한다.

첫번째 이야기

어느 젊은 부인이 나를 찾아와서 이런 호소를 한 일이 있었다. 남편은 자기를 사랑하고, 말할 수 없이 가정에 충실한데 어느 때 부터인지 자기는 남편이 싫어지기 시작하더니 이제는 목소리만 들어도 온 몸에 소름이 끼칠 지경이 되었다는 이야기였다.

신혼초 때는 즐거웠던 부부생활도 이제는 고문을 당하는 것과 같은 고통으로 변했노라고 했다. 나름대로 그 원인이 무엇인지 아무리 반성해 보아도 통 갈피를 잡을 수가 없다는 이야기였다.

남편은 아내가 몸이 약해져서 부부생활을 싫어하게 된 줄 알고, 요즘은 자기 곁에 가까이 오지 않게 되었고, 딴 방을 쓰는 지도 꽤 오래 되었노라고 했다.

그러나 이런 상태가 오래 계속 된다면 언젠가는 남편이 자기의 진짜 마음을 알게 될까봐 겁이 난다고 했다.

그렇게 되면 남편도 까닭없이 자기를 싫어하는 아내와 헤어지게 될 생각을 할 것이 아니냐는 것이었다. 그러니까 이 부인은 까닭없이 남편을 싫어하면서도 이혼할 생각은 하고 있지 않은게 분명했다. 이것도 상식으로서는 잘 납득되지 않는 이야기였다.

아무래도 그녀의 전생(前生)에 무슨 문제가 있는 것 같았다. 그래서 전생을 조사해 보았더니 다음과 같은 사실이 밝혀졌다.

이들은 전생에서 집안끼리 약혼한 사이였고, 남편은 혼인식을 올리기 전에 그녀를 범하고는 무슨 까닭인지 그 길로 고향을 떠나고 다시는 돌아오지 않았던 것이었다.

이 때문에 그녀는 떠나간 남자를 저주하면서 외롭게 일생을 보냈던 것이었다.

이런 인연으로 해서 이번 생애에는 부부가 되었고, 남편은 전생에서 지은 죄를 보상하기 위하여 최선을 다했으나, 부인이 받은 마음의 상처는 영 아물지를 않았었기에 공연히 남편을 미워하게 된것이 아닌가 하고, 나는 설명을 해 주었다.

그녀는 잘 알았다고 고개를 끄덕이고 집으로 돌아갔다.

얼마 뒤, 그녀는 나를 다시 찾아와서 남편과의 갈등은 잘 해결되었노라고 했다.

나에게서 그런 이야기를 듣고 집에 돌아와 남편을 만난 순간, 갑자기 남편이 보기가 좋아졌다는 이야기였다.

그러나, 지난 번에는 털어놓지 않은 또 하나의 고민은 해결되지 않았다고 했다.

10년 전 둘째 아들을 낳고, 병원에서 돌아와 큰 아들을 본 순간, 갑자기 큰 아들이 미워지기 시작했고, 10년 동안 걸핏하면 이렇다 할 이유도 없이 큰 아들을 몹시 학대했다는 이야기였다.

어머니가 아들을 이렇게 미워한다면 애가 잘못될 것 같은 생각이 들어서 요즘은 마음을 돌려보려고 무척 애를 쓰고 있으나 마음대로 되지가 않는다는 이야기였다.

남편과의 전생 이야기가 크게 도움이 된 것으로 미루어보아, 내가 어떤 이야기를 하여 주면 이 역시 잘 매듭이 지어질 것 같다고 했으나 이때 나는 그 원인을 찾아내지 못한채 그냥 돌려보내야만 했었다.

언젠가 때가 오면 알게 되겠지 하고 뒤로 미루는 수 밖에 없었다.

두번째 이야기

이것은 바로 며칠 전에 겪은 일이다.

어떤 점잖은 노부부가 아들 문제 때문에 나를 찾아온 일이 있었다. 아들이 5년 동안 사귀어온 여자와 결혼을 했는데, 아버지는 처음부터 까닭없이 이 며느리가 탐탁치 않았다고 했다.

아들은 증권회사를 다니고 있었고, 고객 위탁금 2~3억 정도를 축을 내어서 아버지가 이를 물어주었는데, 알고 보니 아들이 결혼 전에 아내와 함께 돈을 낭비한 게 그 원인으로 밝혀졌고, 며느리는 전혀 반성하는 기색이 없어서 시아버지가 몹시 나무랬더니 그 길로 친정으로 돌아가 이혼해 줄것을 요구하면서 거액의 위자료를 청구해 왔다는 이야기였다.

아들도 아내가 싫어져서 이혼에 동의할 생각이나, 아들의 실수를 해결하려고 전재산을 없애다시피 해서 그 위자료 줄 돈도 마련하기가 어려운 입장이라고 했다.

어째서 이런 며느리가 집안에 들어 왔는지, 또 며느리 사랑은 시아버지라는 말도 있는데, 어째서 자기는 처음부터 이 며느리가 싫었는지 그 까닭을 알고 싶다는 이야기였다.

그래서 아들 내외의 사진을 가져 왔노라고 했다.

내가 사진을 받아보니, 이들 두 사람은 쌍둥이 같이 닮은 꼴이었다.

지금으로 부터 200여년 전, 충청도 어느 고을의 양반집에서 쌍둥이를 낳았는데 남매 쌍둥이였다.

챙피스럽다고 주인 영감은 딸은 내다버리게 했다.

마을의 먼 친척되는 사람에게 논 마지기와 함께 딸을 맡겼고, 다시는 돌아보지를 않았다. 딸의 양아버지가 된 사람은 심한 노름꾼이어서 받은 재산도 놀음빚에 탕진하고, 열여섯 꽃다운 나이가 되자 양딸을 술집에 팔아버렸다.

이때 양딸은 우연한 기회에 자기가 이 집 친딸이 아니고, 어느 대가 집에 남매 쌍둥이로 태어나는 바람에 버려진 몸이라는 것을 알게 되어, 자기를 낳아준 부모를 몹시 원망하면서 한 많은 일생을 보내야만 했었다.

"그렇다면 며느리는 전생의 딸이었다는 말씀입니까?"

"그런 셈이죠. 영감님은 딸을 버린데 대해서 늘 남모르게 양심의 가책을 받았던 것입니다. 그랬었기에 무엇인가 자기의 잘못을 암시해 주는 것 같아서 며느리감이 처음부터 마음에 안 들었던 것입니다."

"알겠습니다."

하고 고개를 숙이는 이들 노부부는 어딘지 숙연해진 느낌이었다. 전생에 아무런 죄없이 버림을 당한 딸이 며느리가 되어 돌아왔는데, 이들은 또다시 며느리를 쫓아내려고 하고 있는 셈이었다.

이들은 착실한 불교신자였다.

전생에 지은 업이 결과가 되어 돌아왔으니 또다시 새로운 악업을 짓고 싶지 않다는 눈치였다. 가능하면 한번 아들 내외를 데리고 찾아 오겠노라고 했다.

큰 원망을 살 일을 하면 다음 번 생애에서라도 반드시 이에 알맞는 고통을 받는 것은 분명한 사실이라고 나는 믿는다.

세번째 이야기

몇년 전 일이었다.

곽동근이라는 40대 초반의 아주 특이한 인상을 주는 남자가 나를 찾아온 일이 있었다. 얼른 보아서 한국인 같지 않은 얼굴이었다. 눈빛만 파랗다면 영낙없는 서양 사람이었다.

부인과 이혼하고 혼자 사는 지가 오래 되었다고 했다. 아들이 하나 있고, 작으마한 빌딩의 소유자로서 임대비만으로도 생활 걱정은 하지 않아도 되는 입장이라고 했다. 그러나 내가 보기에는 본인 말과는 달리 작은 빌딩이 아니고, 강남에 10여층 정도의 꽤 큰 건물을 갖고 있는게 분명했다.

그는 불교신자였고, 중국무술과 선도(仙道)에 깊은 관심이 있고, 소림권법을 배우고 있는 중이라고 했다.

자기의 전생을 몹시 알고 싶어했다.

내가 영사해 본 결과, 여러 사람의 복합령이었다. 맨 먼저 신라시대에 살았던 처용(處容)이 있었고, 달마대사의 분령과 백제 무왕(武王), 그리고 인도의 요기가 있었다.

현재 사랑하는 젊은 여자가 있다고 했다. 그 젊은 여인의 사진을 보니 처용의 부인이었고, 달마대사가 출가하기 전에 달마대사를 몹시 사모했던 여인 그리고 무왕의 왕비, 이런 영혼들이 복합되어 있어 삼생에 걸쳐서 인연이 있다고 판단했다.

그는 자신감을 갖고 돌아갔고 얼마 뒤에 결혼하게 되었다고 두 사람이 인사차 찾아 왔다. 알고보니 그녀는 곽씨 회사의 경리를 맡아보고 있는 여사무원이었다.

벌써부터 그녀의 이름으로 좋은 아파트를 사주었고, 그녀 전용의 고급차까지 있음이 밝혀졌다.

신혼여행으로 세계일주 여행을 하겠노라고 했다. 그뒤, 한동안 찾아오지 않더니 아들을 낳았다는 이야기를 전하러 왔었다.

나는 이들 부부가 삼생의 인연이 있어서 결혼했기에 매사가 잘 되어가는 줄만 알았었다. 그런데 그렇지가 않았다. 2년 뒤에 그는 매우 낙담한 모습으로 나를 찾아와 아내가 자기를 버리고 떠났노라고 했다.

"안선생께서 삼생의 인연이 있다고 하셔서, 저는 명상에 잠겨 있는동안 몇주일 동안 각 방을 썼더니 그냥 친정으로 돌아갔습니다. 대수롭지 않게 생각했는데 며칠 전 변호사를 시켜서 이혼하겠다는 뜻을 전해 왔습니다. 아들은 자기가 맡겠다고 하면서 감당하기 어려운 막대한 위자료를 청구해 왔습니다."

하고 그는 몹시 난감한 표정이었다.

"곽형이 부인과 결혼하게 된것은 지난 삼생의 인연 탓이지만, 그렇다고 아무렇게나 대하면 됩니까? 그럴수록에 잘 대했어야죠. 비록 삼생의 인연이 있을지라도 상대방을 제대로 사랑하지 않고 아무렇게나 대하면 여자의 마음은 떠나게 마련입니다."

하고 나는 이야기했다.

비록 삼생의 인연이 있어서 맺어졌더라도 오늘과 내일을 사는데 있어서 상대를 소홀히 한다면 파랑새는 날라가게 마련이라는 좋은 교훈을 나에게 안겨준 것이었다.

곽동근씨가 그뒤 어떻게 되었는지 다시는 소식이 없는데 마냥 안타깝게 느껴지는 것이다.

네번째 이야기

얼마 전 일이다.

한 중년 남자가 나를 찾아와 얼마 전에 아내를 교통사고로 잃었다고 했다.

살아 있을 때는 금실이 좋았었는데 어찌된 셈인지 아내는 자기와 잠자리를 같이 할 때면 웬지 고통스러워 했다고 하였다. 사진을 보고 영사를 해보니 이들의 전생은 부녀(父女) 사이 임이 밝혀졌다.

홀아비가 된 아버지를 과부가 된 딸이 평생 모시고 사는 가운데 이들은 어느덧 남편이 아내를 의지하듯, 아내가 남편을 의지하듯 하였기에 이번에는 남남으로 태어나서 부부가 된게 분명하다고 나는 이야기했다.

부인이 잠자리를 같이 하는 것을 고통스러워 하는 것은 마음 속에 깊이 숨겨진 전생의 기억때문이 아니겠느냐고 나는 이야기했다. 사랑하면서도 잠자리를 같이 하는데 이상한 죄의식을 느꼈었기에 부인의 마음에는 일종의 자살 충동 같은 게 있었던게 아닌가 하는 이야기도 했다.

"그러고 보니 언젠가 아내가 그런 말을 한 적이 있는게 생각이 나는군요. 잠자리를 같이 하지 않고 남매 같이 살수는 없느냐구요. 그래서 늙으면 자연히 그렇게 될 것이라고 이야기 하고 웃고 말았는데 그런 사연이 있었군요."

하고 그는 탄식했다.

"손님은 결국 돌아가신 부인과 같은 분령을 지닌 분을 만나서 재혼할 가능성이 많습니다. 우리나라 속담에 '한놈의 계집은 한 넝쿨에 열린다'는 말이 있지 않습니까? 그런 경우죠."

"그렇군요."

"그렇게 되면 죽은 부인이 딸로 재생하기가 쉽습니다. 전생의 상태로 다시 돌아가는 거죠."

"재혼을 안하면요."

"그야 불가능한 일이죠."

하고 나는 웃었다.

그가 과연 재혼을 해서 부인과의 삼생에 걸친 인연을 맺을지 어떨지 좀 더 두고 보아야 할 일이라고 생각한다.

어쩌면 몇년 안에 그가 다시 찾아올 것같은 예감이 들기도 한다.

다섯번째 이야기

3수생(三修生)인 아들의 아버지가 나를 찾아온 일이 있었다. 아들은 고교시절에는 자기 반에서 항상 일등을 한 우수한 학생이었다고 했다. 그런데, 대학 입시를 앞두고 갑자기 게을러져서 수험준비를 전혀 하지 않았고, 그 결과 보기 좋게 낙방했다고 한다.

일년을 재수시켰다.

열심히 학원을 다녔으나, 입시를 한달 앞두고 이렇다 할 이유없이 공부하는 것을 엎어 버렸다는 것이었다.

3수도 마찬가지였다.

아무래도 납득이 가지 않는 이야기였다.

대학에 합격되는 것을 무엇인지가 막고 있는 것같은 느낌이 든다는 이야기였다.

나는 이 손님이 가져온 아들의 사진을 영사했다.그 결과 다음과 같은 사연이 밝혀졌다.

이조, 중종(中宗) 시대였다고 생각된다.

이미 결혼을 해서 두 아들을 둔 어느 선비가 과거에 응시를 해서 장원급제를 했다. 그는 벼슬길에 나가게 되었는데 여러가지 사정때문에 시골 식구들을 서울로 데려오지 못하고 혼자 사는데, 그가 총각인줄 잘못 안 상관의 마음에 들어서 자기의 사위가 되어 달라는 청혼을 받았다.

선비는 마음이 약한 사람이어서 얼른 자기는 이미 처자식이 있는 몸이라는 이야기를 하지 못했고 선비의 의사와는 관계없이 벼락장가를 가게 되었다.

이 소식을 뒤늦게 안 시골에 두고 온 부인은 자기 남편이 이미 기혼자였다는 것이 밝혀지면 중벌을 받게 되리라 생각하여 두 아들과 함께 집단 자살을 하고 말았다.

이 사실을 알게 된 선비는 자기의 잘못을 크게 뉘우치지 않을 수 없었다. 게다가 새로 장가든 부인은 곰보인 데다가 성격이 여간 억센 여자가 아니었다.

"내가 그때 과거를 보지 않고 시골에서 서당 선생이나 하면서 살았더라면 좋았을걸."

하고 그는 일생을 후회하면서 불행하게 살아야만 했었다.

현숙했던 아내와 착하고 귀엽던 두 아들을 못내 잊을 수가 없었다.

"이런 전생의 기억때문에 아드님은 일부러 낙방을 한것입니다. 일종의 자기처벌이라고나 할까요, 사람은 누구나 죄를 지으면 스스로 벌을 주게 되는 거죠."

하고 나는 설명했다.

세번씩이나 낙방한 아들도 잘 납득이 되었다는 표정이었다. 이 아들이 그뒤 대학에 진학했을까 하고, 갑자기 궁금한 생각이 든다.

어쩌면 이 책을 읽고, 그에게서 반가운 소식이 올것 같은 예감도 든다.

여섯번째 이야기

10년 동안 서로 사랑하다가 결혼했다.

아들도 생겼다. 결혼한 지 4년이 넘자, 갑자기 젊은 아내는 남편이 싫어지기 시작했다. 남편이 능력이 없는 것도 아니고, 아내를 배신하여 외도를 한 것도 아니었다.

그런데 어느날 갑자기 남편이 싫어지기 시작하더니 이제는 밥 먹는 모습을 보는 것도 싫고, 자기에게 말하는 태도도 까닭없이 비위에 거슬려서 숨이 막힐 것만 같다는 이야기였다.

왜 갑자기 남편이 싫어지게 되었는지 본인 자신도 납득이 가지 않는다는 것이었다.

싫은 사람하고는 도저히 살수 없다고 느끼게 된 요즈음, 생각다 못해 나를 찾아왔다는 하소연이었다.

분명히 자기네의 전생(前生)에 무엇인가 그럴만한 사연이 있을 것 같다는 이야기였다.

지금부터 백년 전, 충청도 어느 고을에 젊은 부부가 살고 있었다. 남편은 며칠마다 열리는 시골장을 돌면서 봇짐 장사를 하는 보부상이었다.

결혼할 당시에는 아버지 때 부터 내려오는 윗골 김진사댁 농사를 짓는 마름이었으나, 대가 바뀌면서 마름 자리를 다른 소작인에게 주었기 때문에 결혼한 지 4년째 되던 해 부터 봇짐 장사가 된 것이었다. 그러나 시골장을 돌면서 하는 장사가 잘 될 까닭이 없었다. 그래서 서울로 올라가서 장사를 하겠다고 집을 떠난 남편은 다시 돌아오지 않았다.

10년 가까이 새댁은 남편을 기다리면서 어려운 세월을 보냈다. 10년 째 되던 해였다. 장사일로 서울에 올라간 동네 사람으로 부터 서대문 근처에서 남편을 보았다는 이야기를 들었다.

신수가 아주 훤했고 서울에서 장사로 성공을 하고 새 장가를 들은 것 같더라는 이야기를 들은 부인은 분에 못이겨서 반드시 다음 세상에 만나서라도 앙갚음을 하겠다고 저주를 하면서 자살했다.

이런 인연으로 그들은 이 세상에서 다시 만나서 부부가 되었고, 전생에서 의좋게 지냈던 4년이 지나자 갑자기 남편이 미워지기 시작하여 이혼을 생각하게끔 된 것이라고 나는 설명해 주었다.

그래도 부인의 결심은 굳건했다.

기어이 이혼을 해야겠다는 이야기였다.

"그렇다면 제가 이야기해 드리죠. 현재 남편은 지방간이라는 진단을 받았는데 술을 많이 드는 편이 아니던가요."

"그렇습니다."

"부인한테 이혼을 당하면 바깥 양반은 아주 술꾼이 되어서 2년을 넘기지 못하고 간경화로 죽게 될 운명이고, 아들도 교통사고로 죽게 되기가 쉽습니다. 그렇게 되면 부인은 양심의 가책때문에 평생 괴로워할 게고, 아주 못된 남자와 두번 결혼해서 매를 맞으면서 살아야 될것 같습니다."

하고 나는 장차 일어날 일들을 이야기 해 주었다.

나의 이야기에 크게 충격을 받은듯, 젊은 부인은 이혼은 하지 않겠노라고 이야기하면서 돌아갔다. 전생의 인연때문에 오늘을 지배받지 않게 된 드문 경우라고 생각한다. 덕분에 인과응보의 법은 어기게 되었지만, 그것으로 좋지 않나 나는 생각한다.

편저자 약력

서울에서 출생하여 서울대 문리대 국문과를 졸업. 1951년 경향신문 신춘문예에「野火」가 당선되어 문단에 데뷔. 그후 일본에 진출하여「심령치료」「심령진단」「심령문답」등을 저술하여 일본의 심령과학 전문 출판사인 대륙서방에서 간행하여 큰 호응을 얻었으며, 다년간 심령학을 연구함. 그후「업」「업장소멸」,「영혼과 전생이야기」「인과응보」「초능력과 영능력개발법」「최후의 해탈자」「사후의 세계」「심령의 세계」등 심령과학시리즈 20여종 저술(서음미디어 간행)

증보판 발행 : 2019년 5월 10일
발행처 : 서음출판사(미디어)
등 록 : No 7－0851호
서울시 동대문구 신설동 94－60
Tel (02) 2253－5292
Fax (02) 2253－5295

편저자 | 안 동 민
발행인 | 이 관 희
본문편집 | 은종기획
표지 일러스트
Juya printing & Design
홈페이지 www.seoeumbook.com
E. mail seoeum@hanmail.net